AF208374

EXPLOSIVE SPIELE

Labyrinthe Für Erwachsene

ActivityCrusades

Copyright © 2017 by ActivityCrusades
Alle Rechte vorbehalten.

Alle Rechte vorbehalten. Kein Teil dieses Buches darf in irgendeiner Weise oder in irgendeiner Weise reproduziert oder verwendet werden, egal ob elektronisch oder mechanisch, das bedeutet, dass Sie keine materiellen Ideen oder Tipps, die in diesem Buch enthalten sind, nicht aufnehmen oder fotokopieren können

Veröffentlicht von Speedy Publishing Canada Limited

ActivityCrusades
activity books

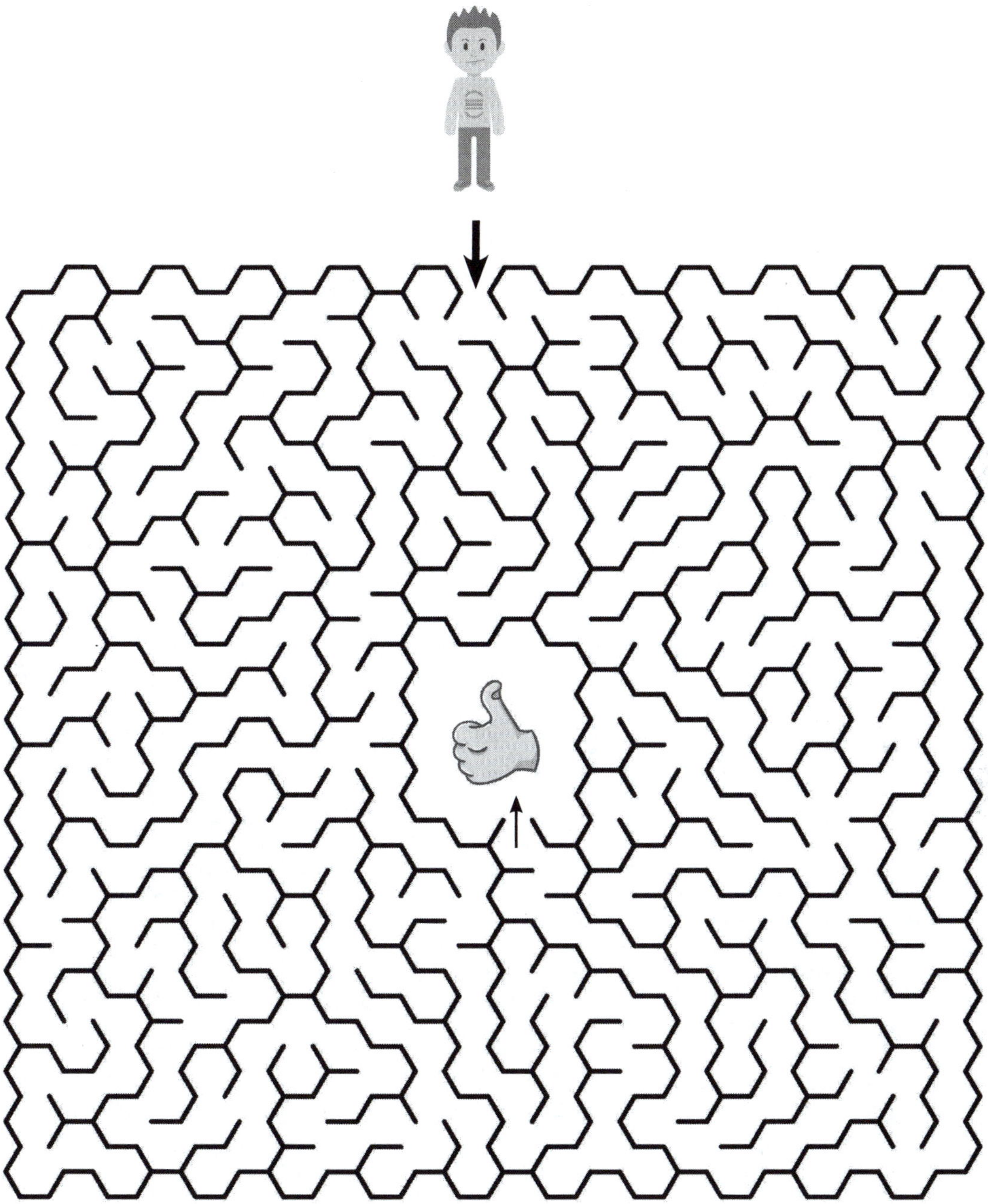

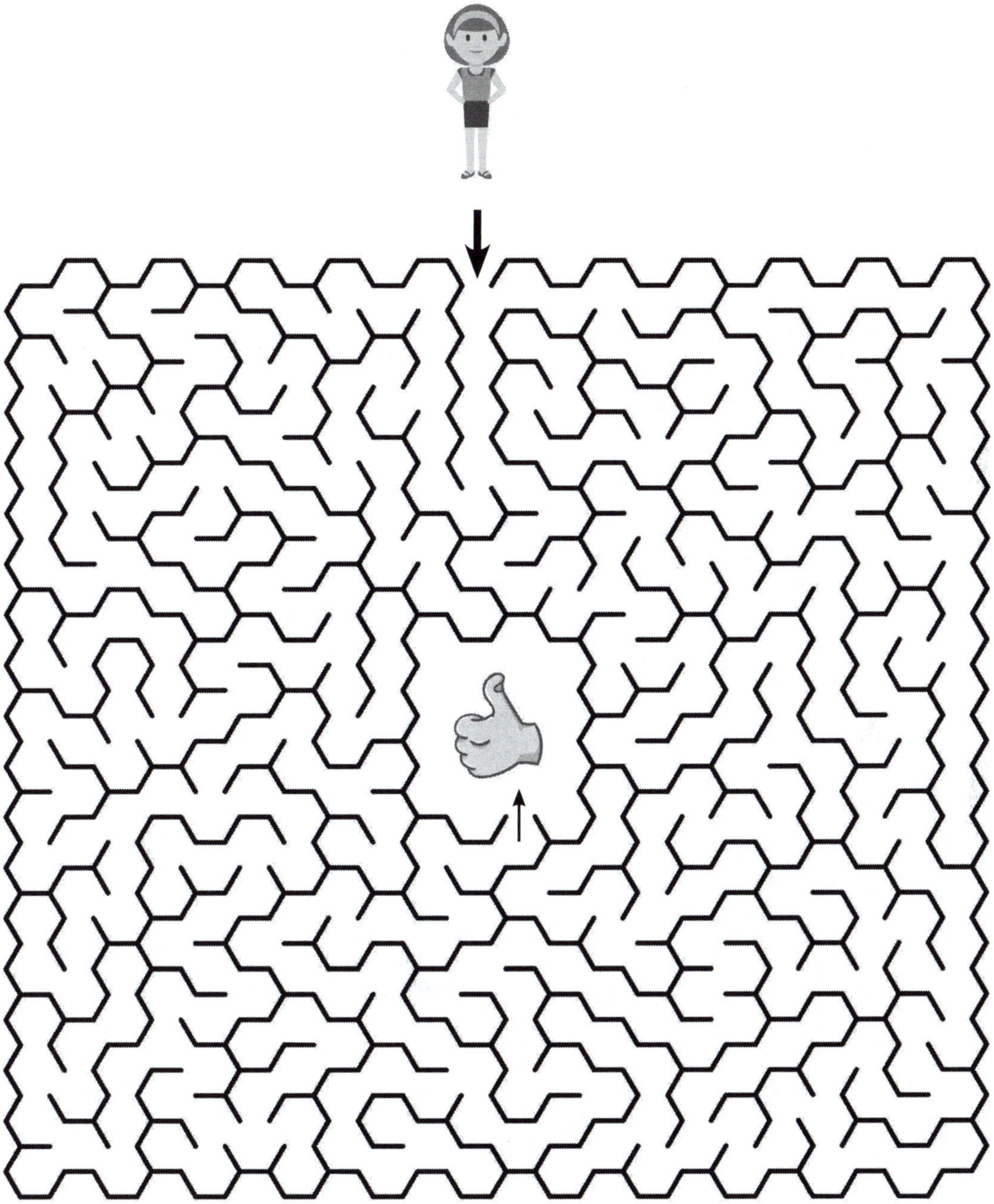

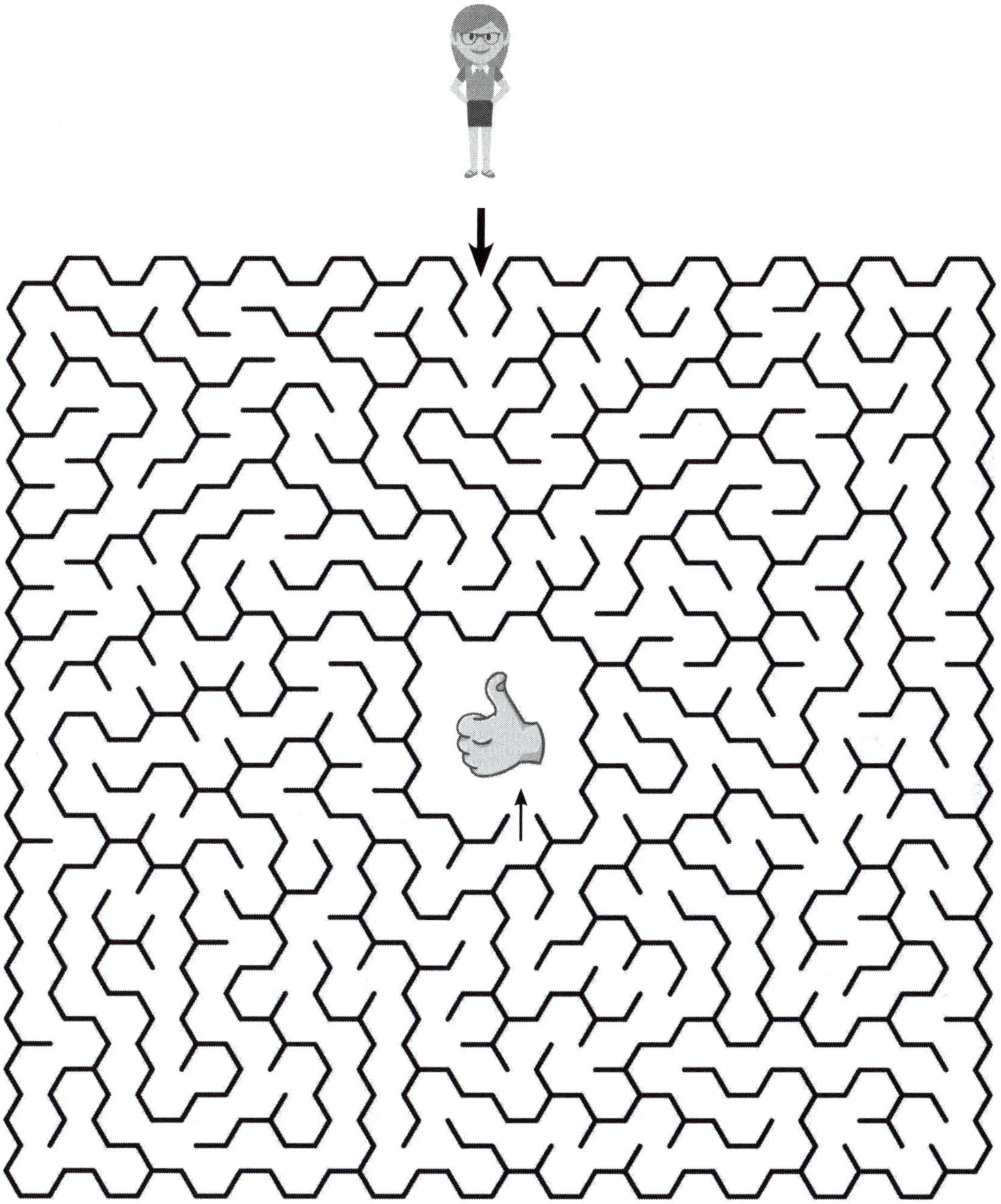

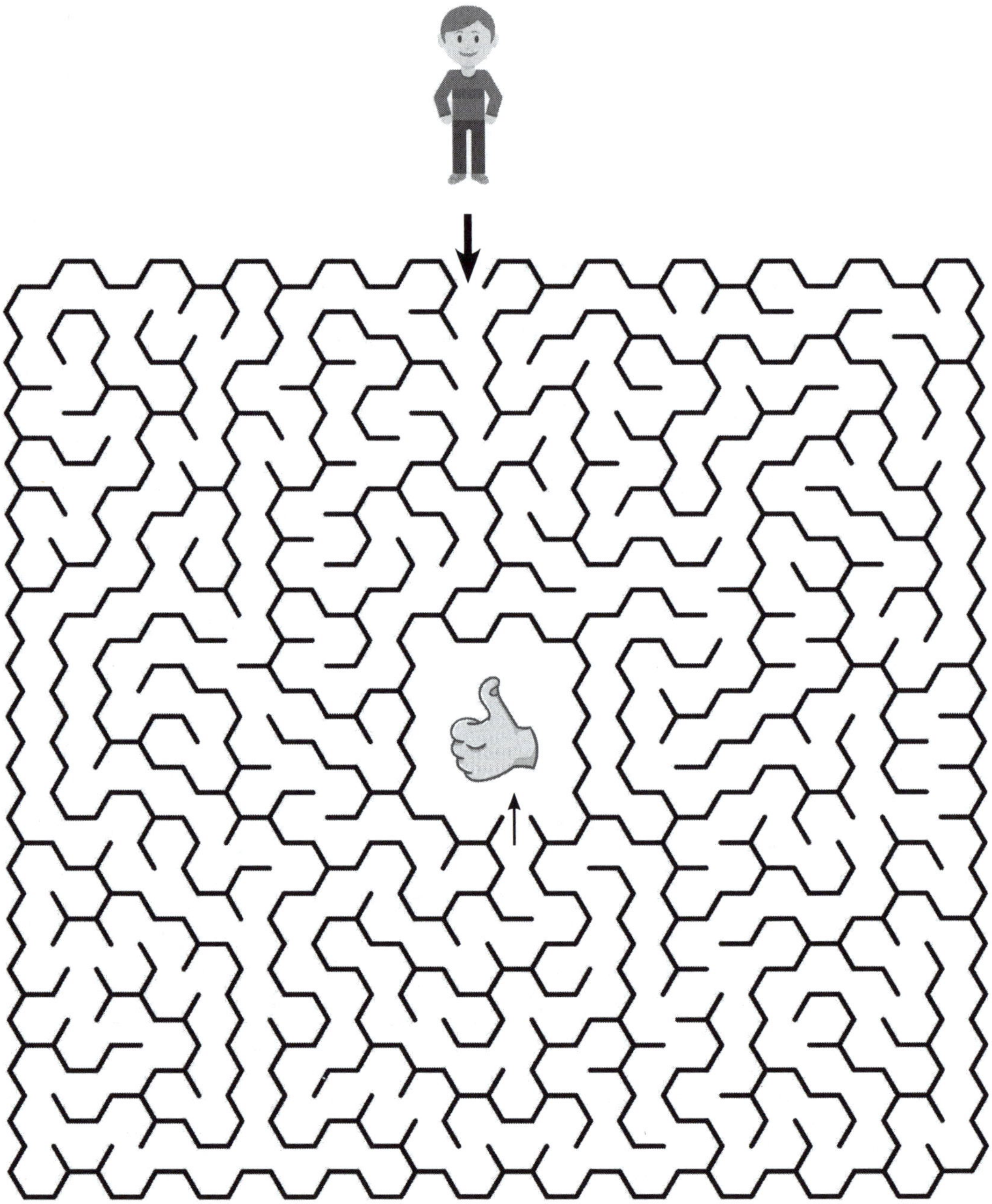

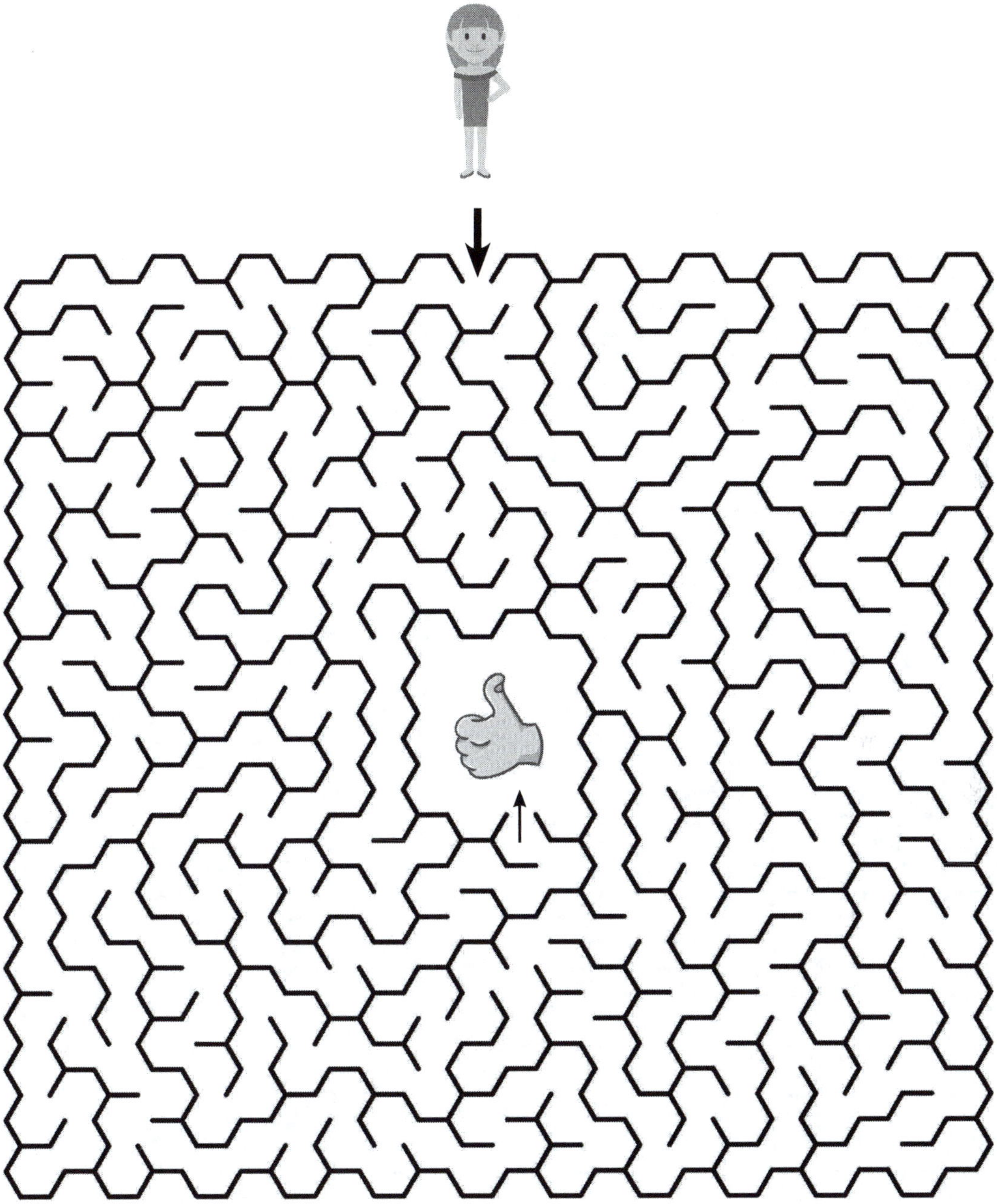

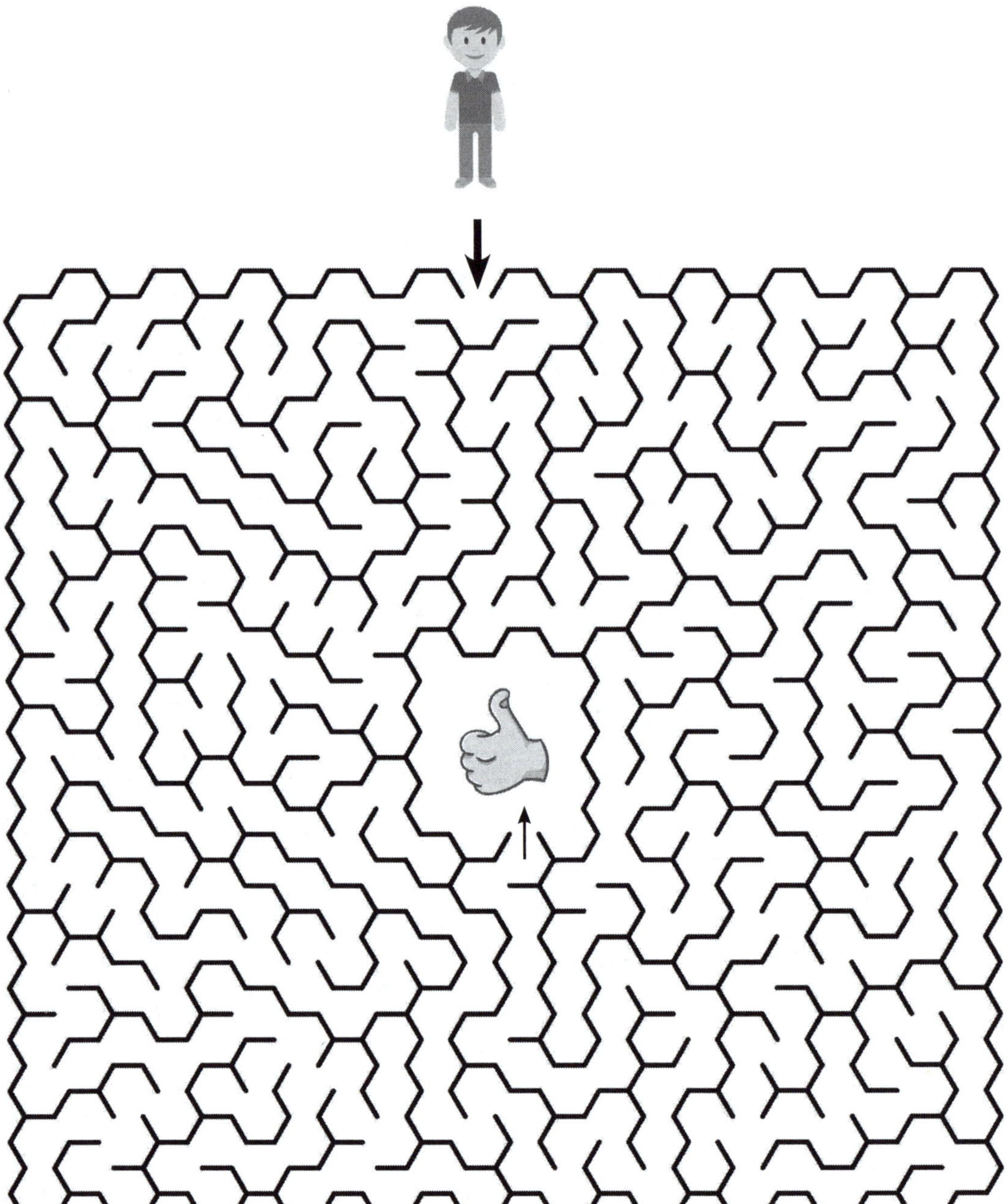

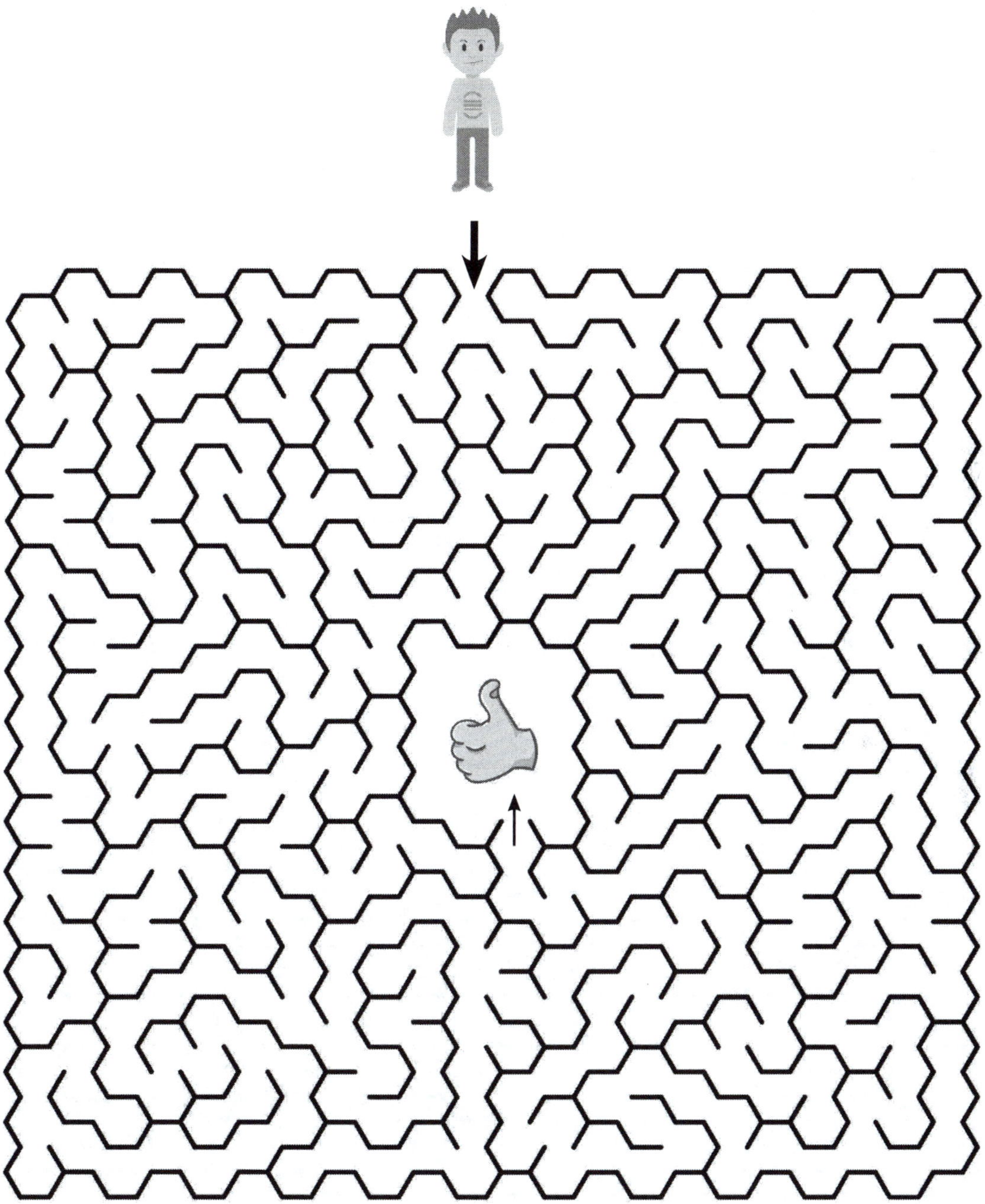

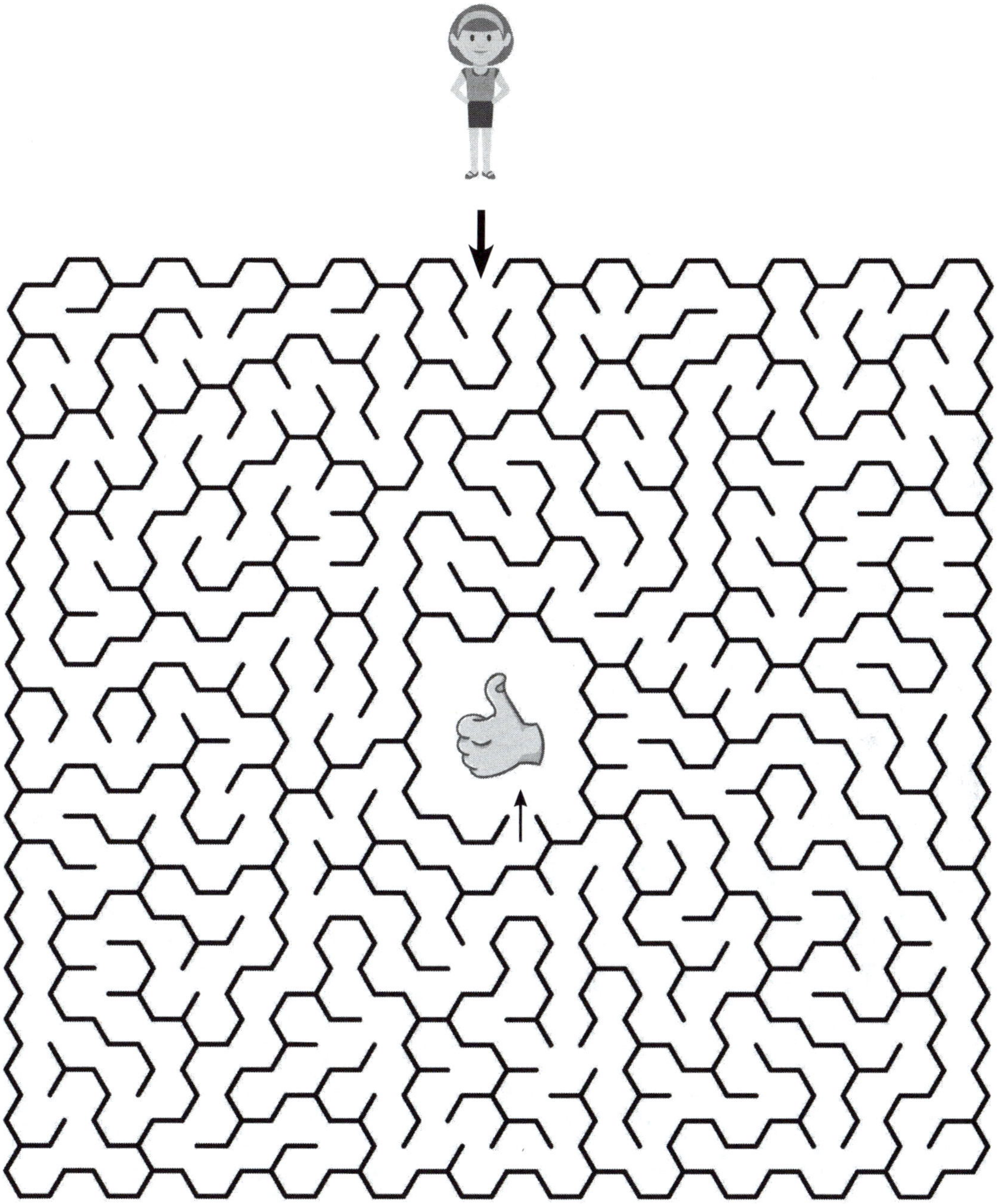

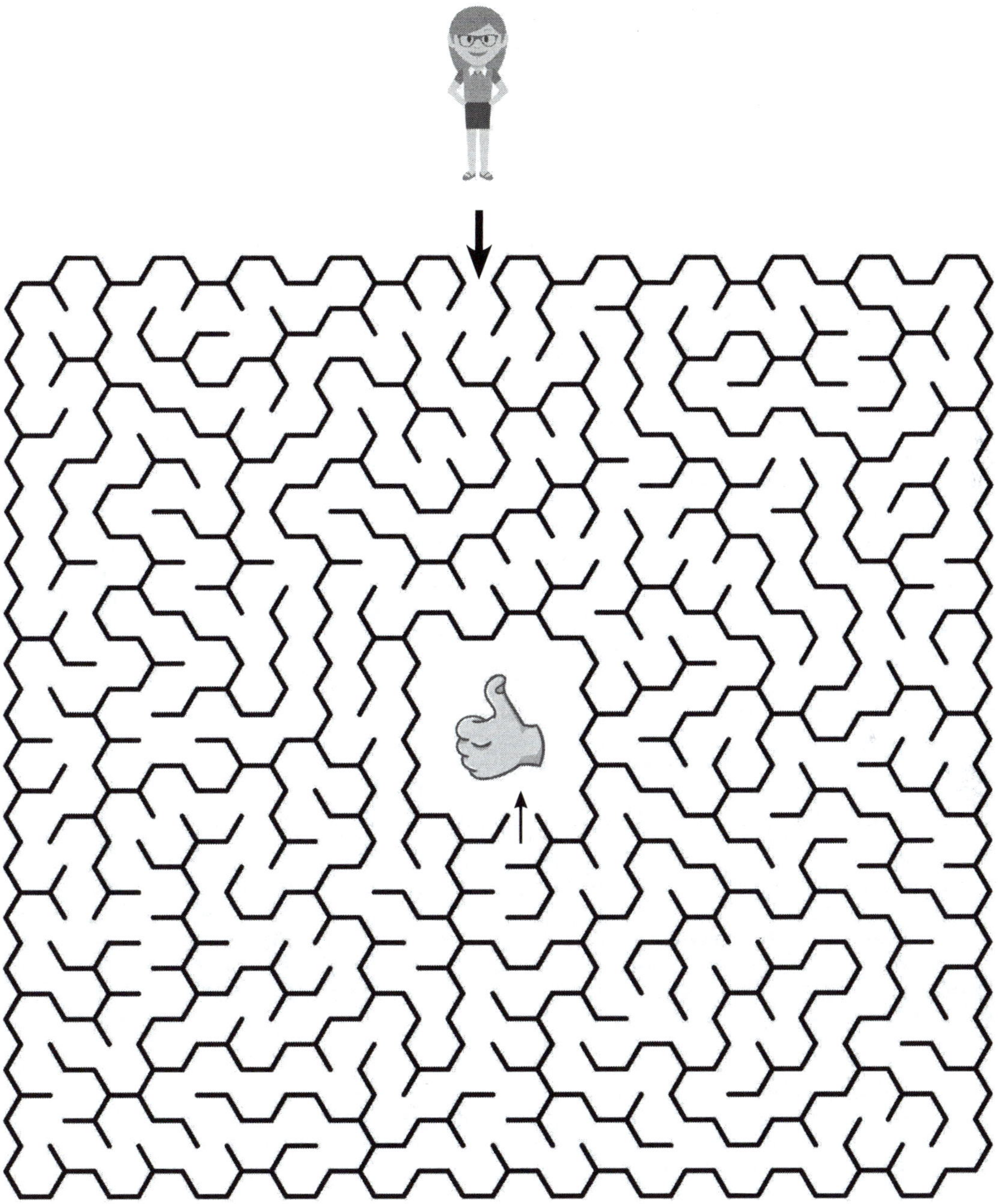

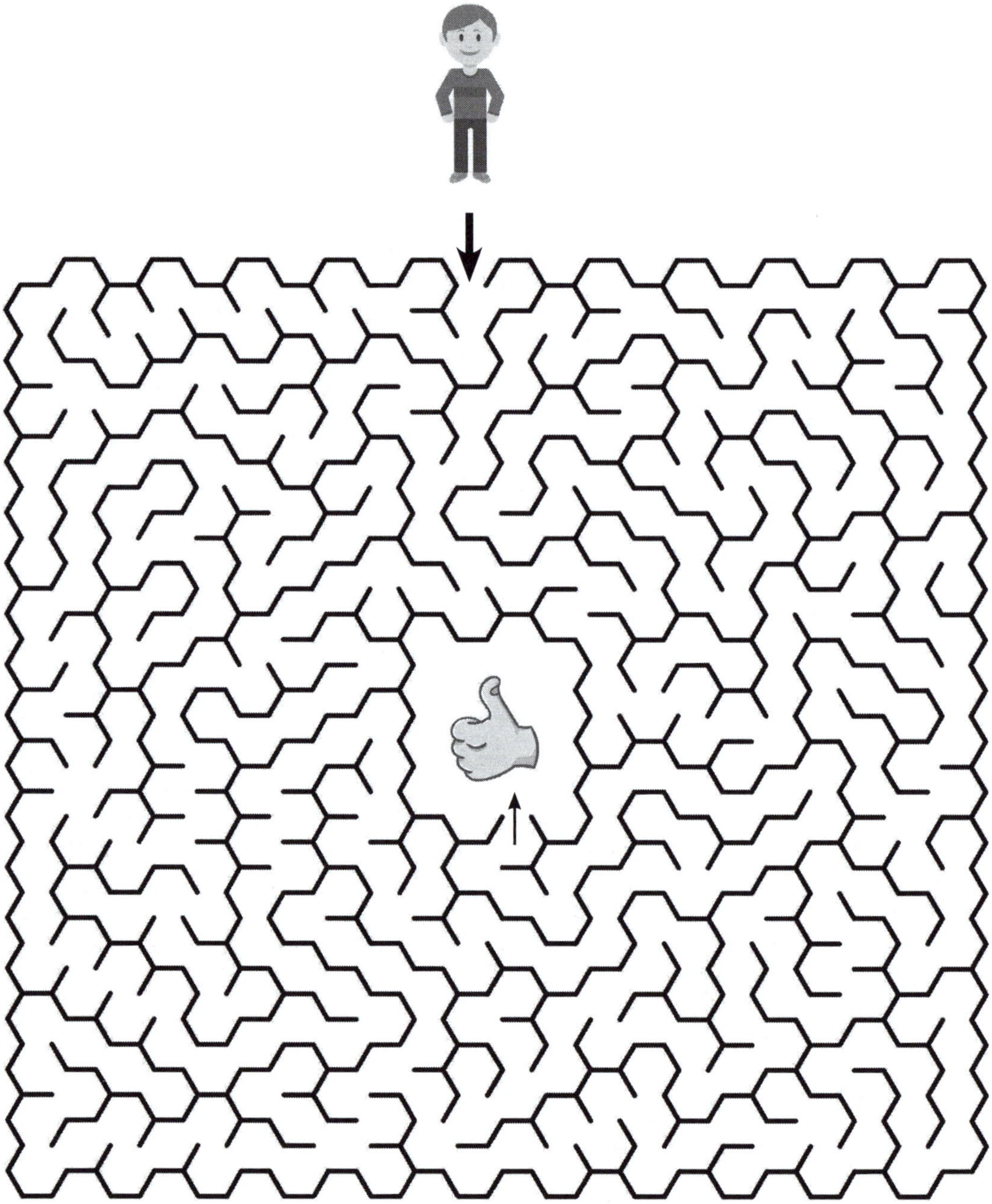

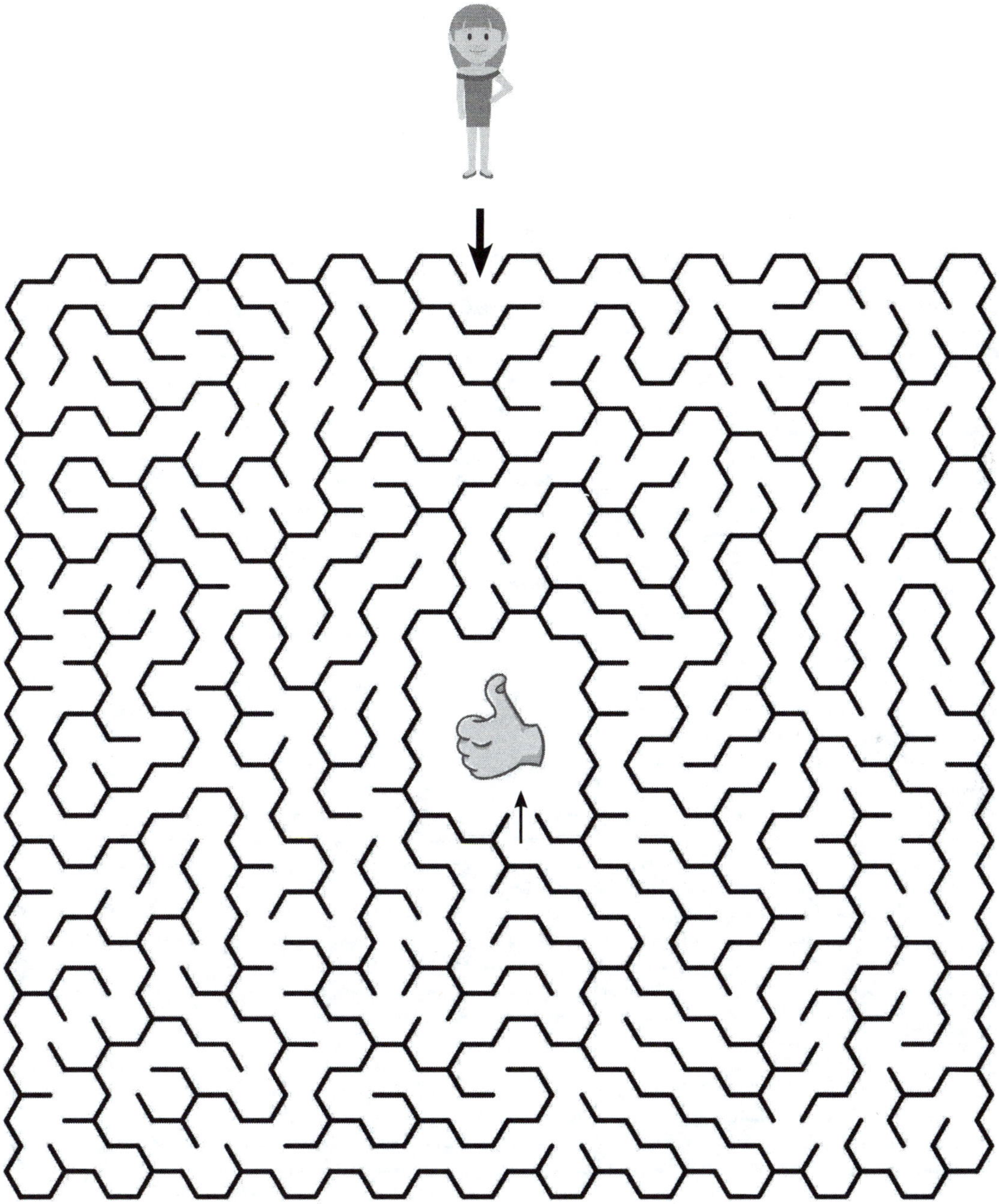

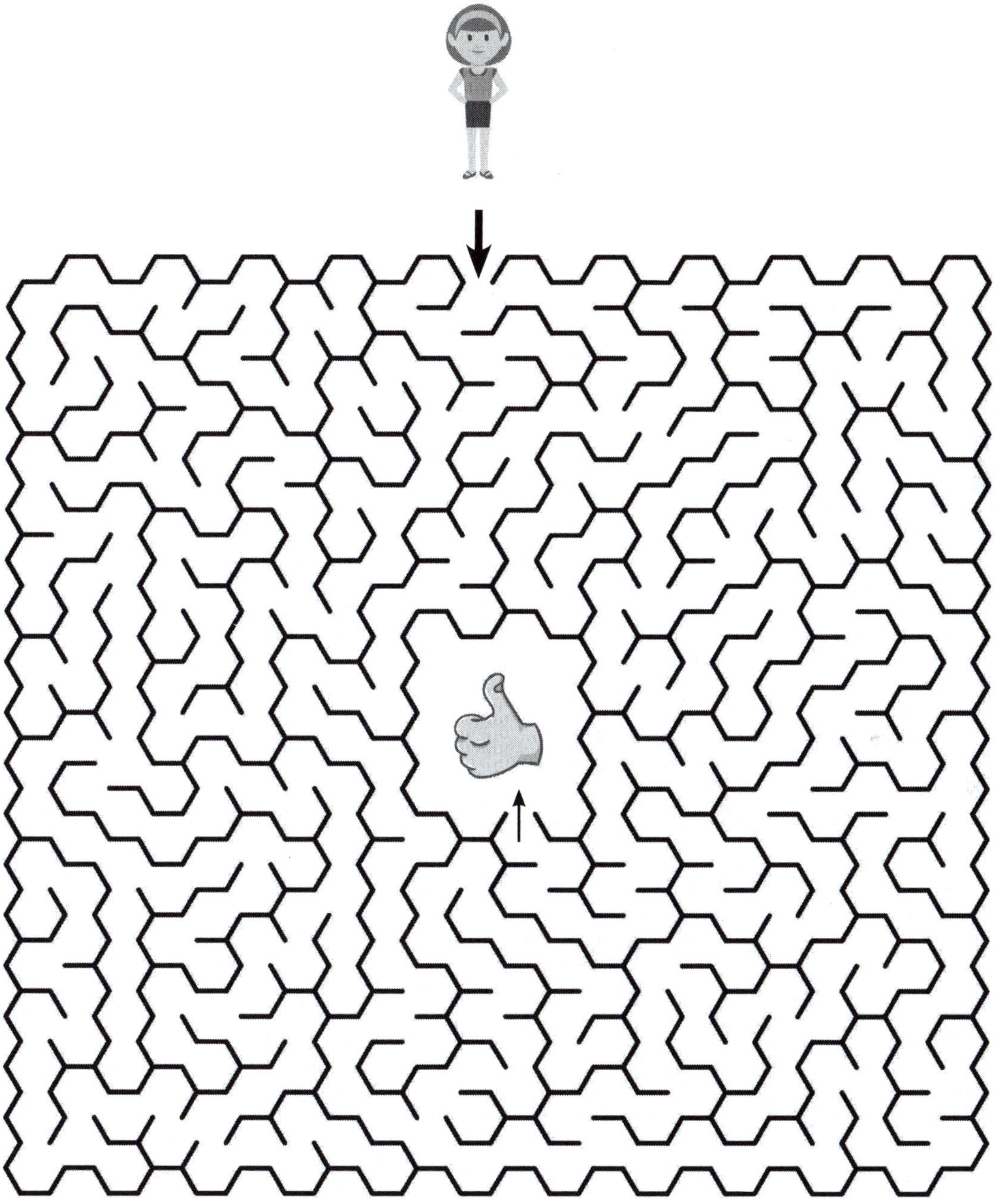

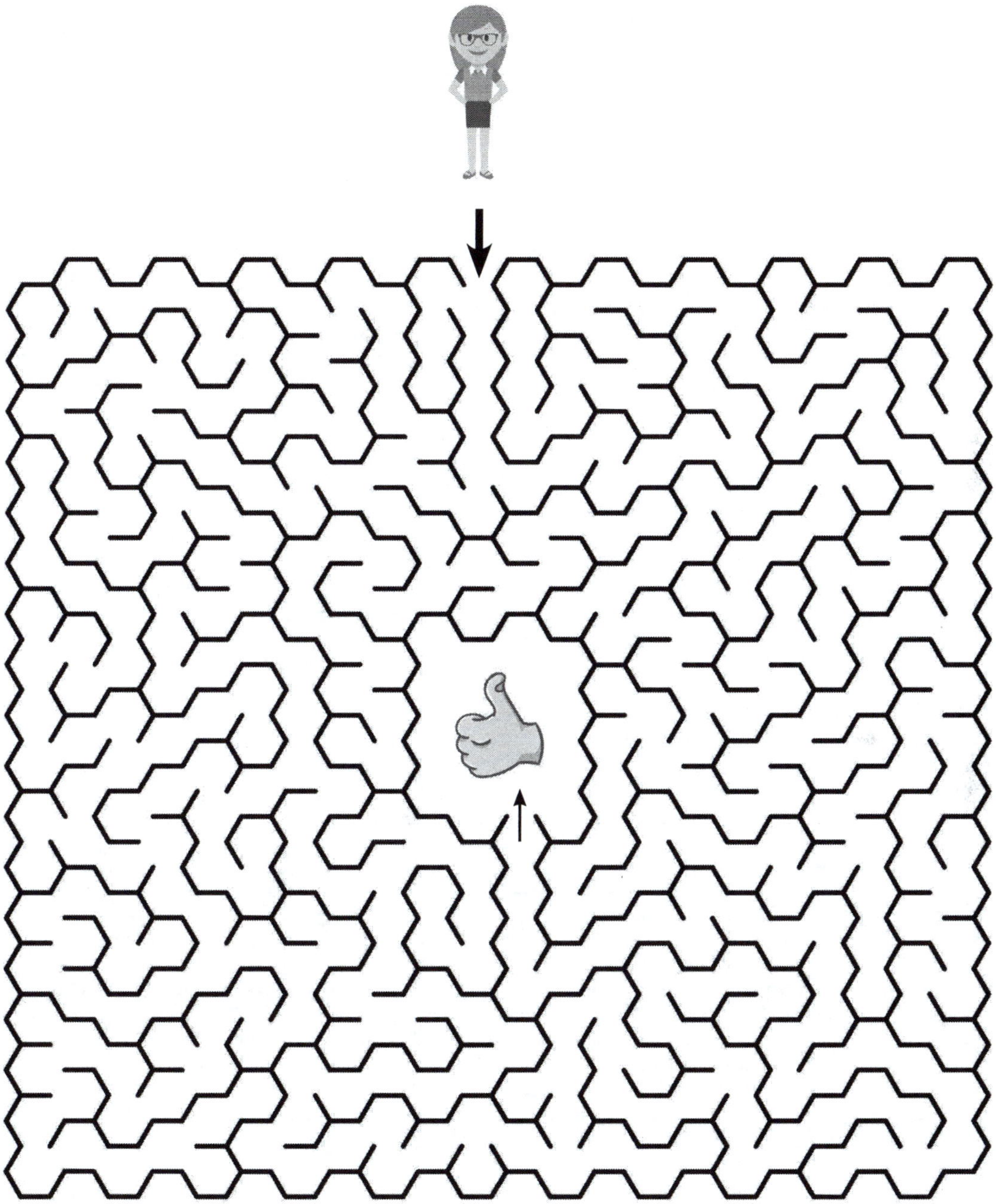

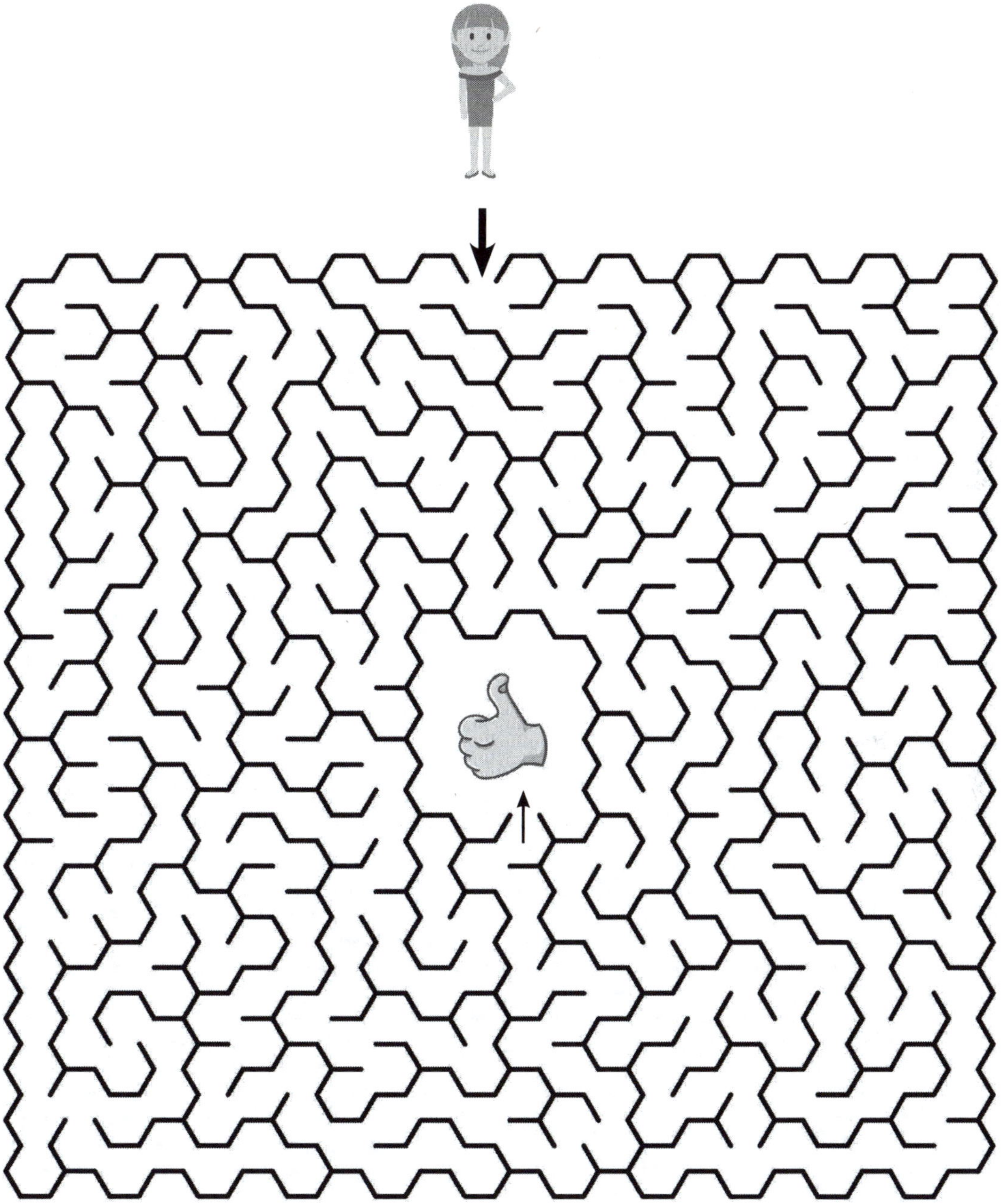

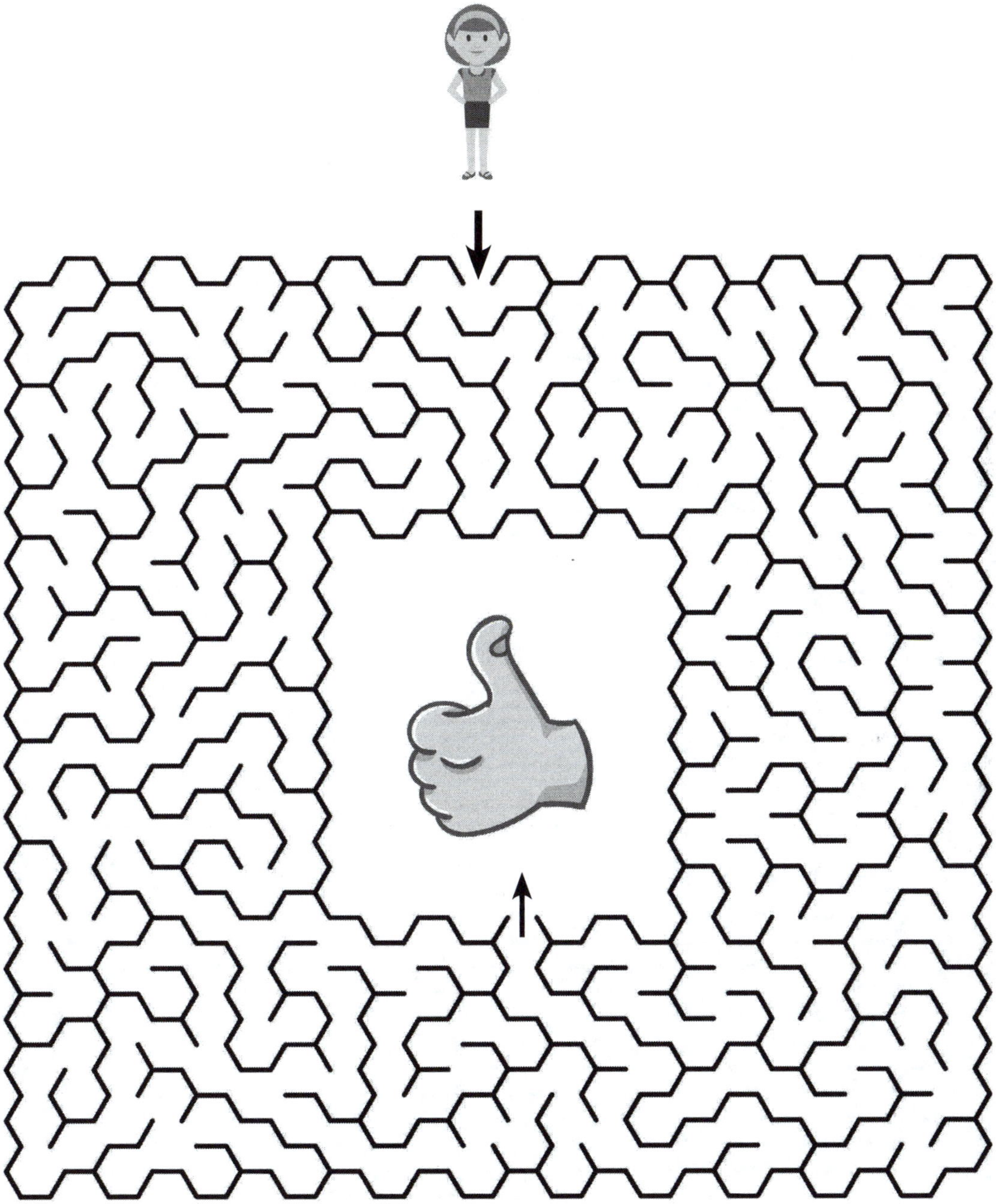

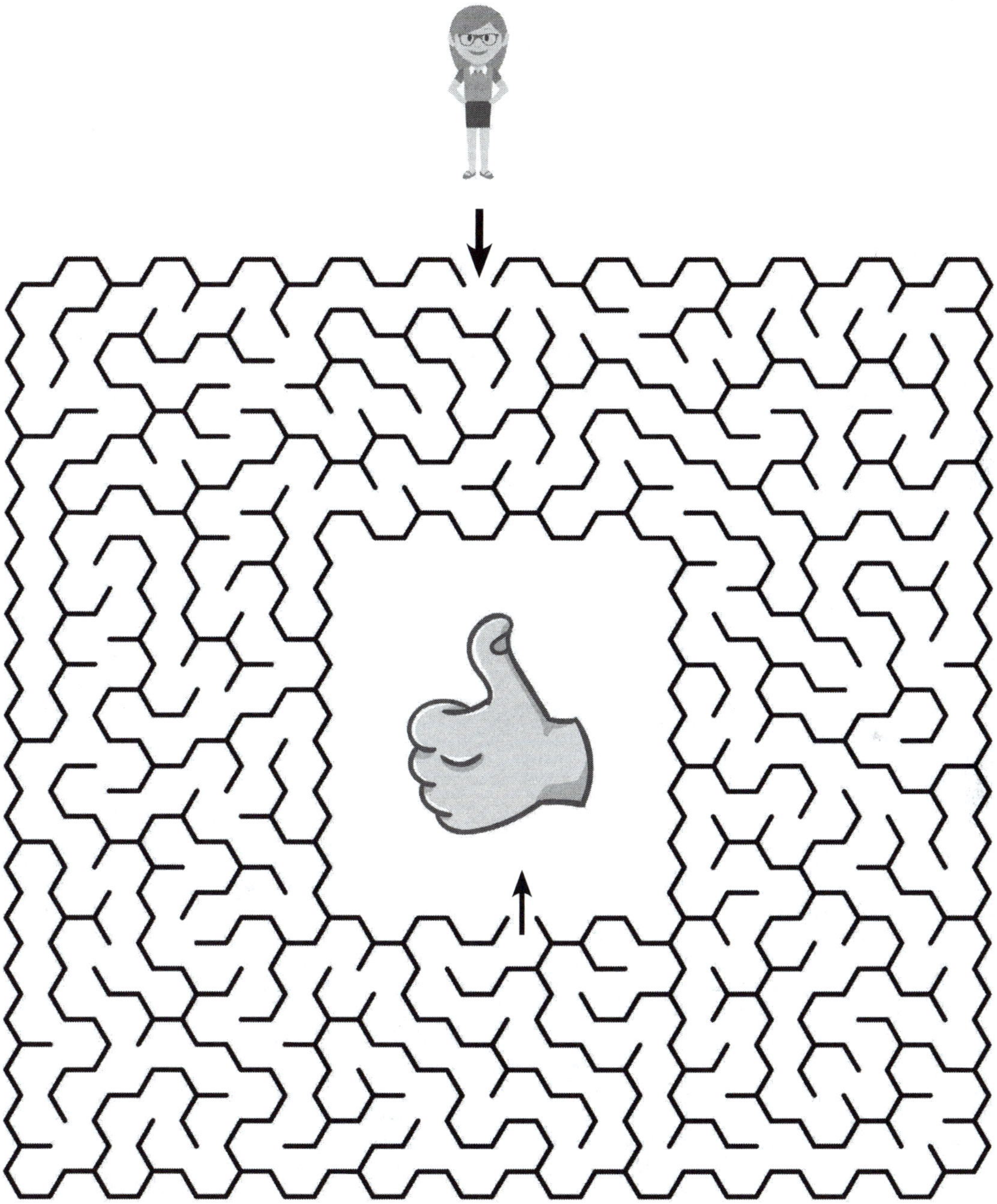

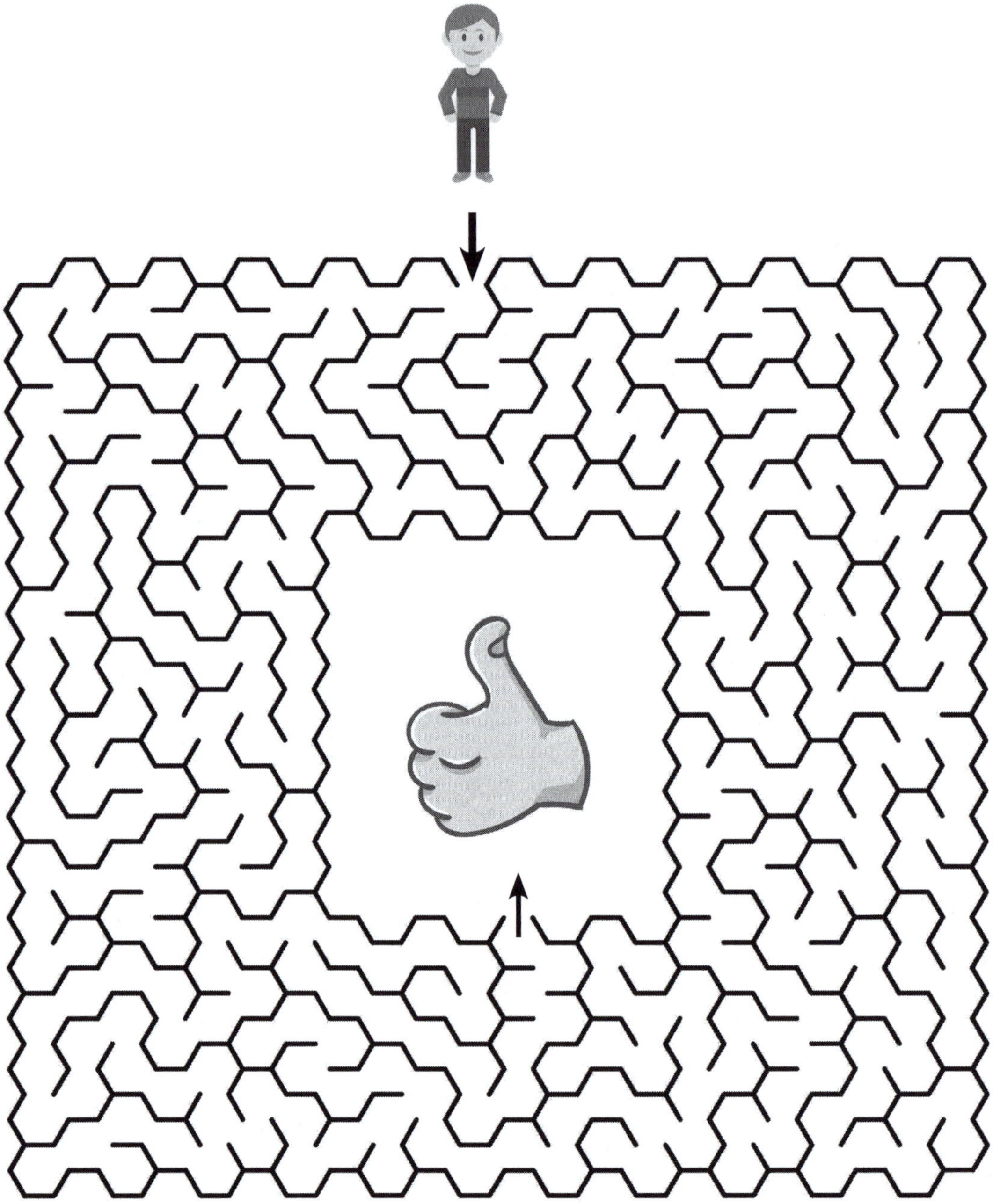

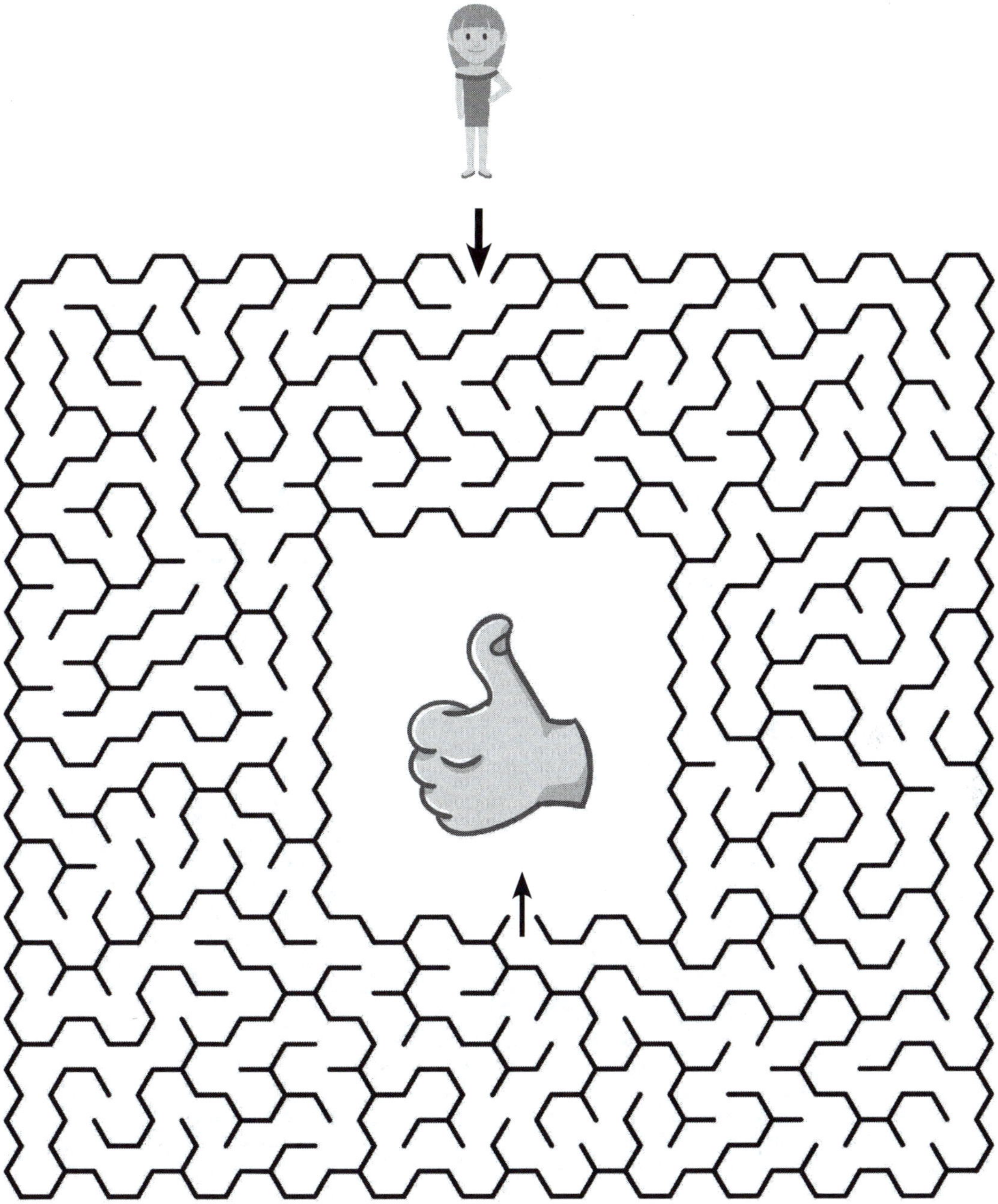

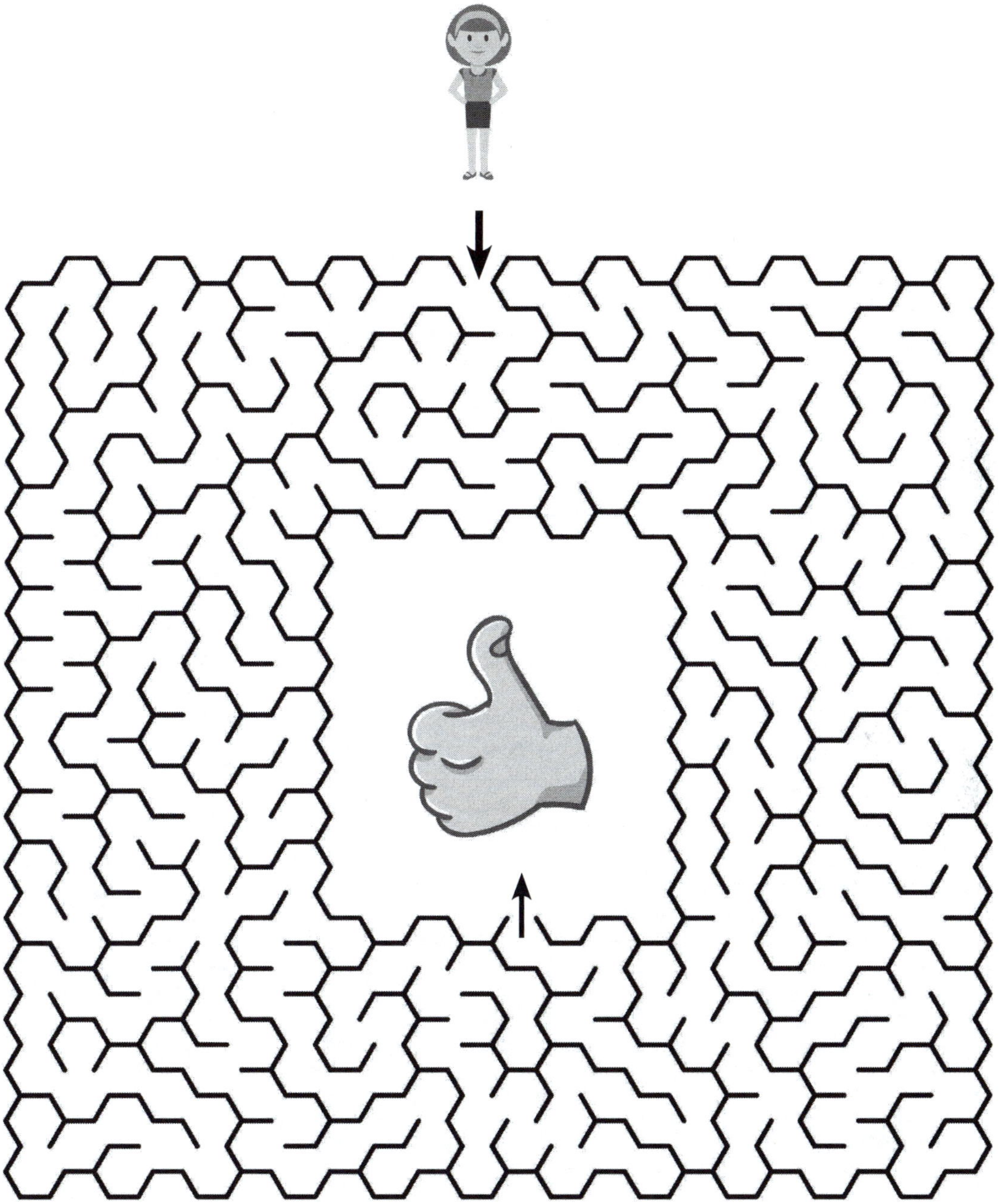

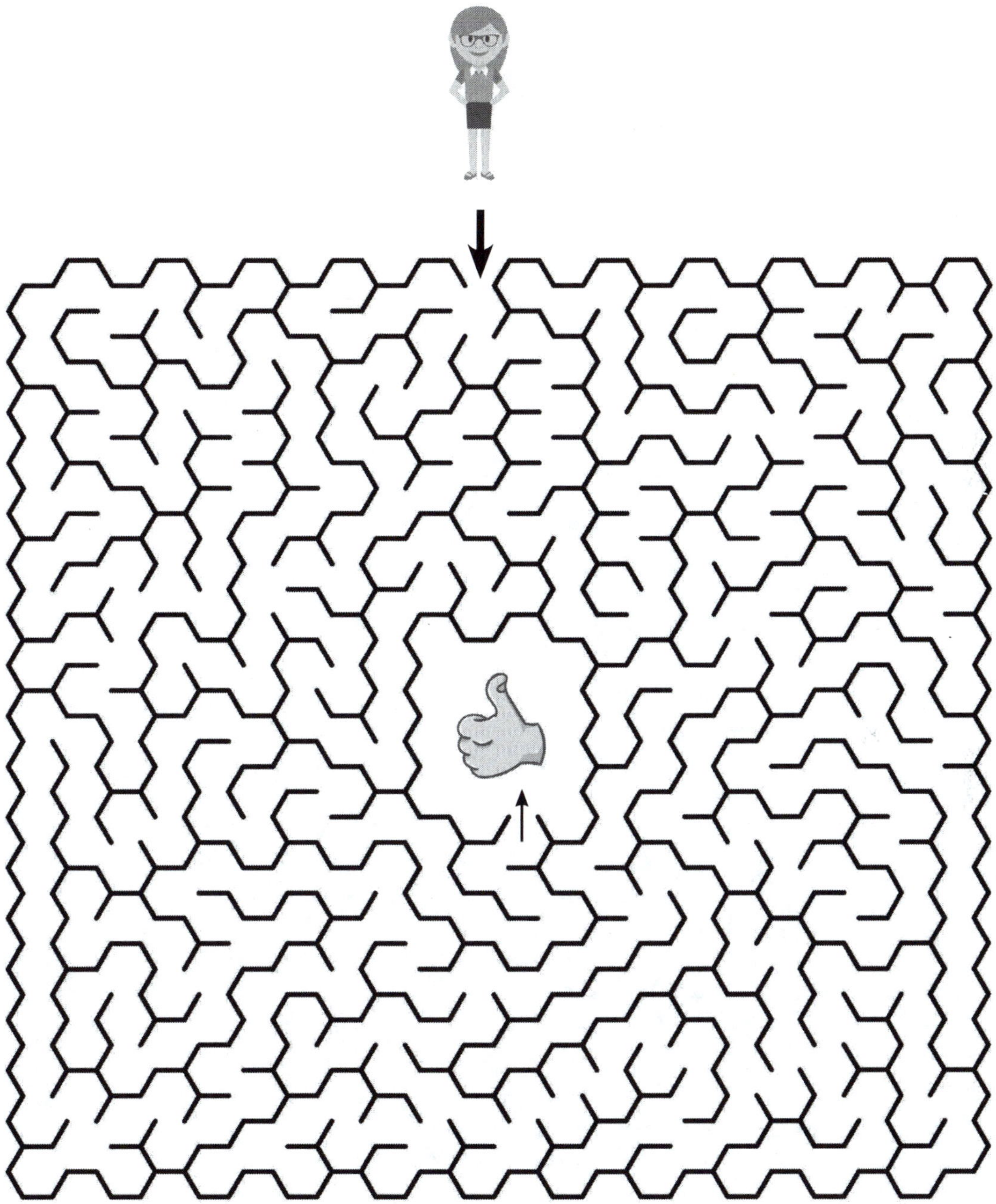

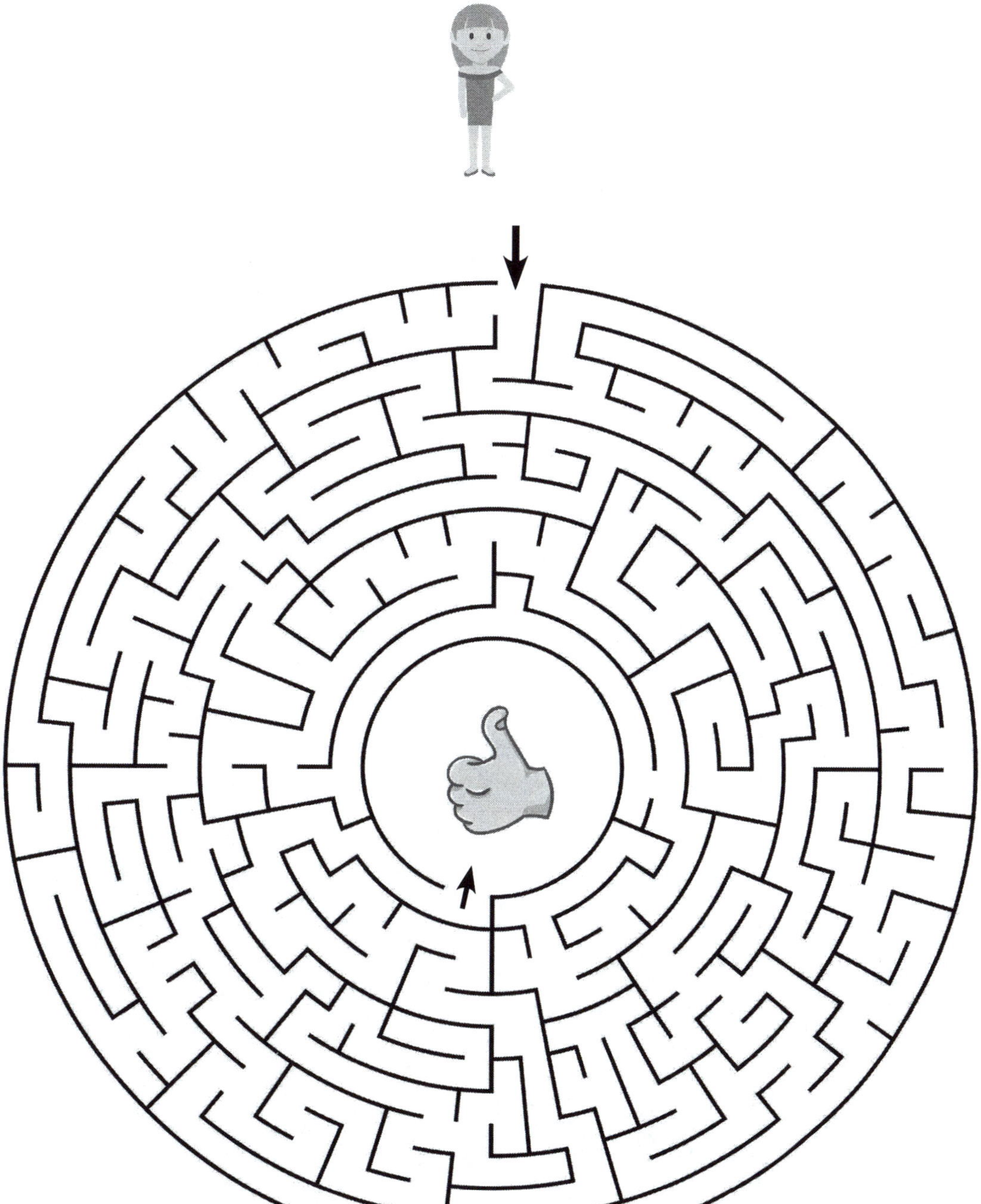

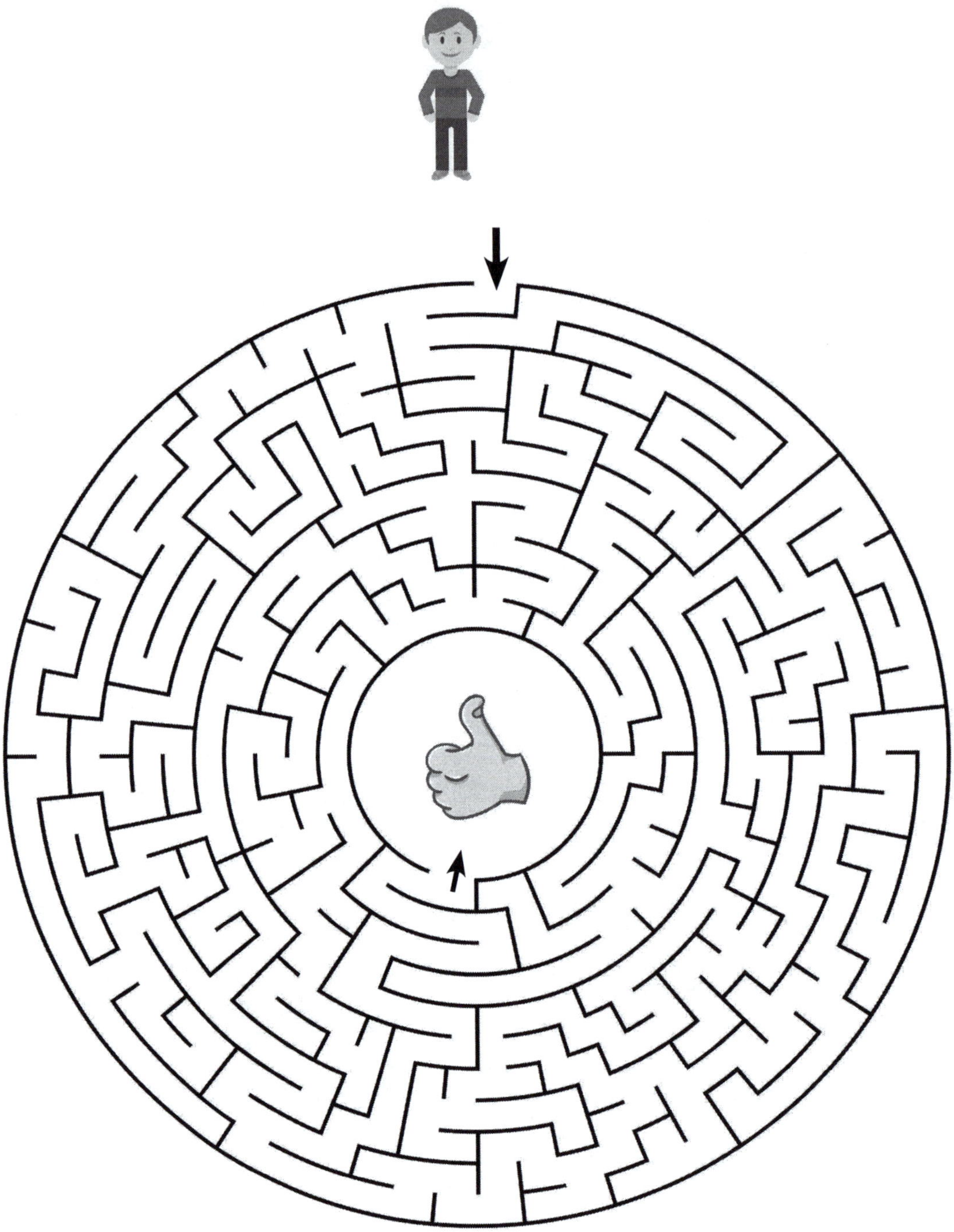

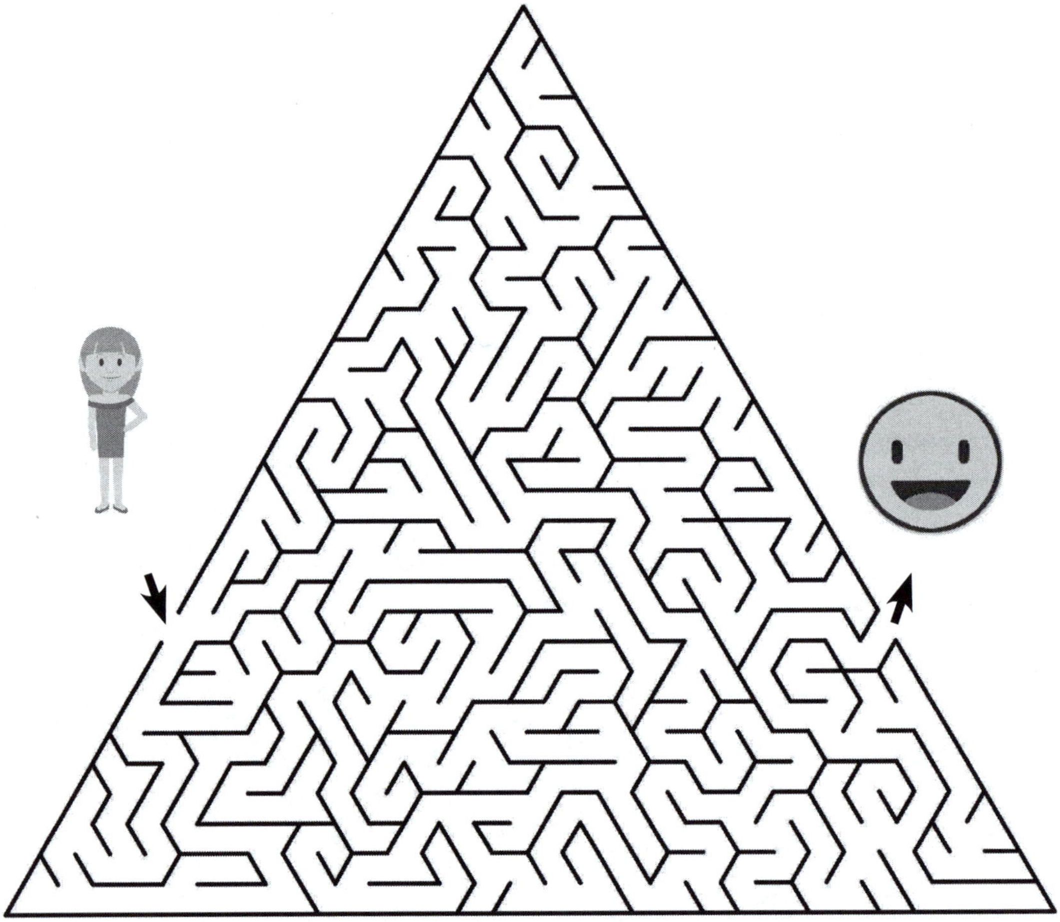

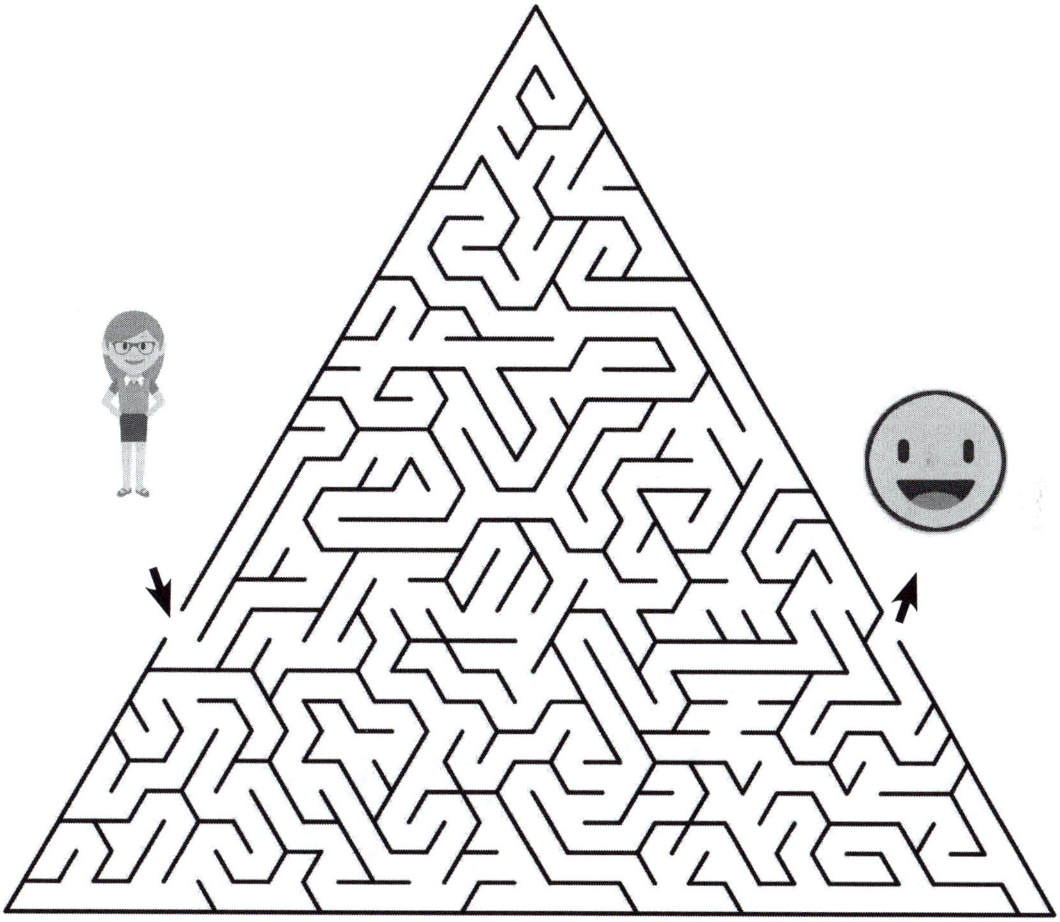

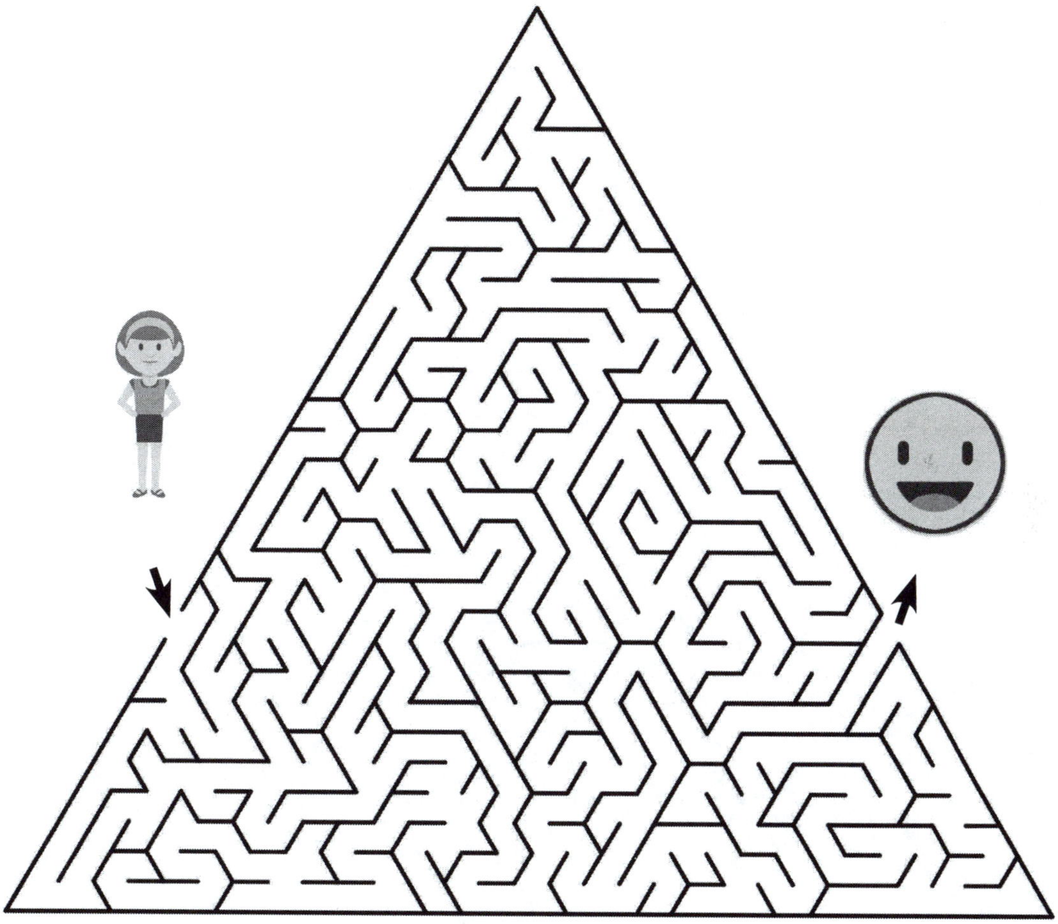

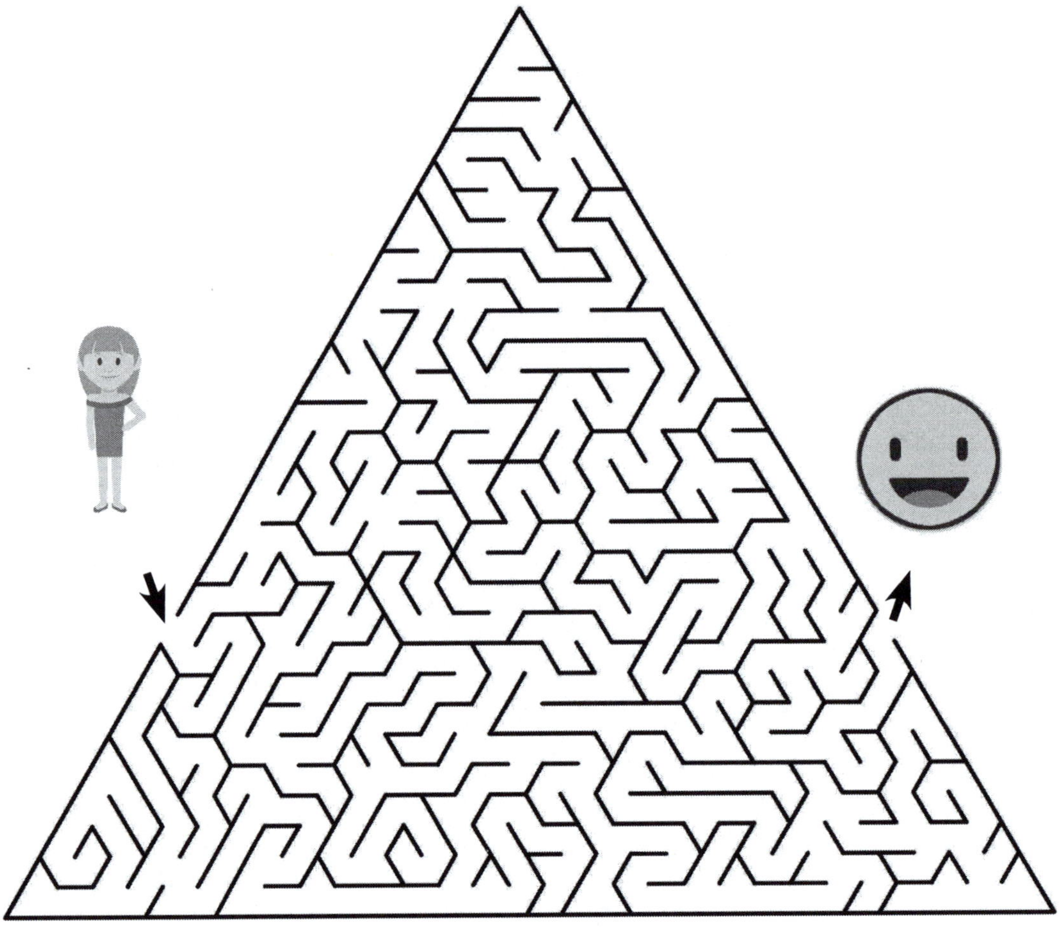

1

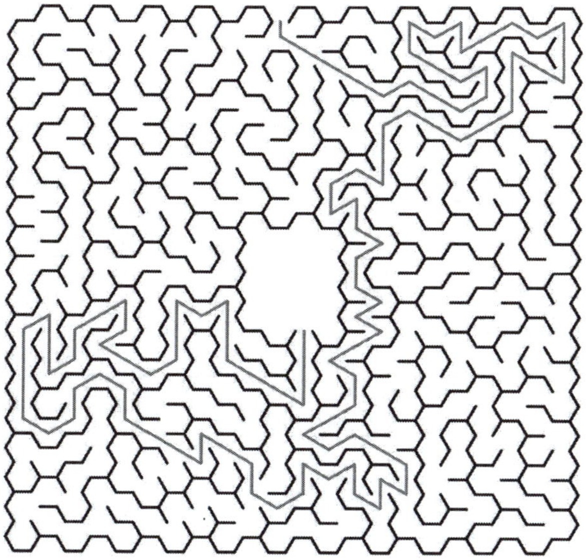

2

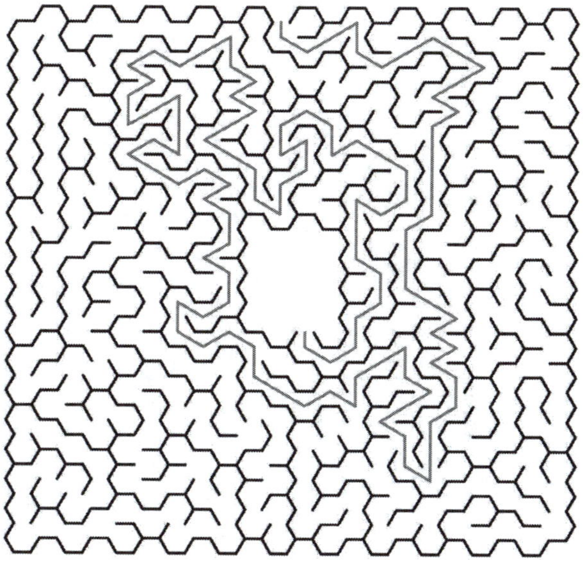

3

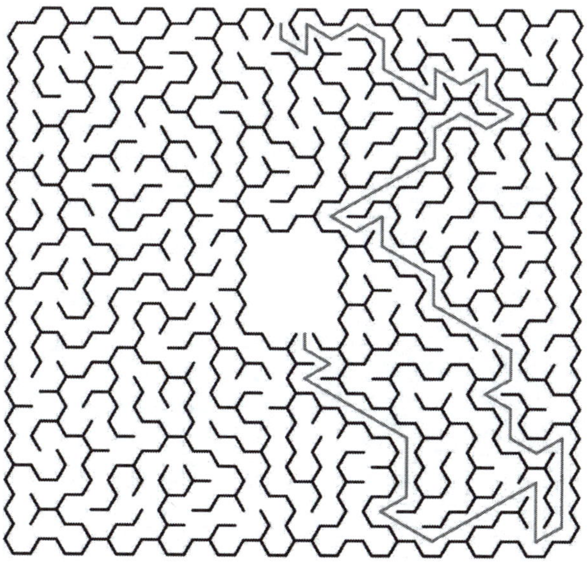

4

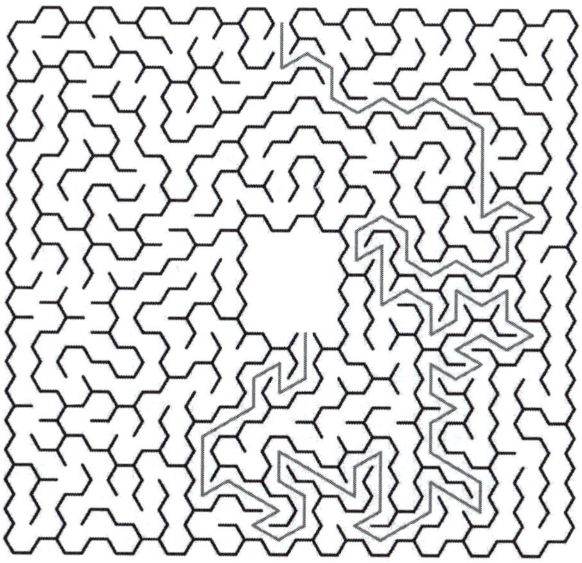

5

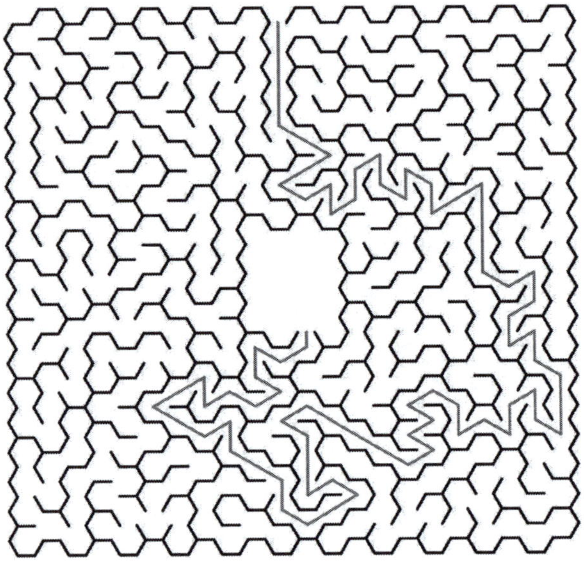

6

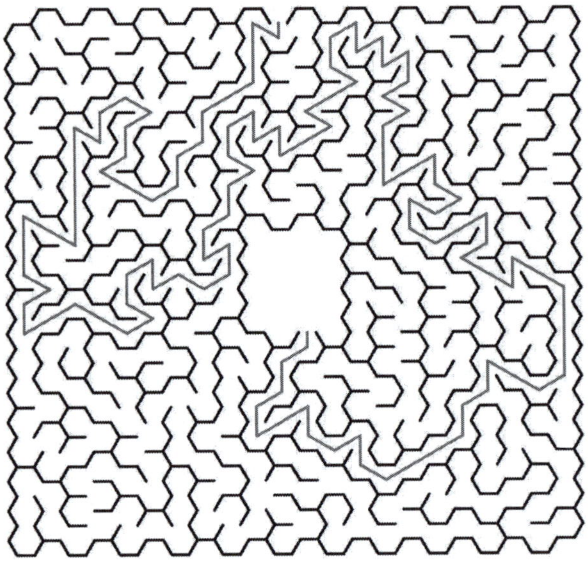

7

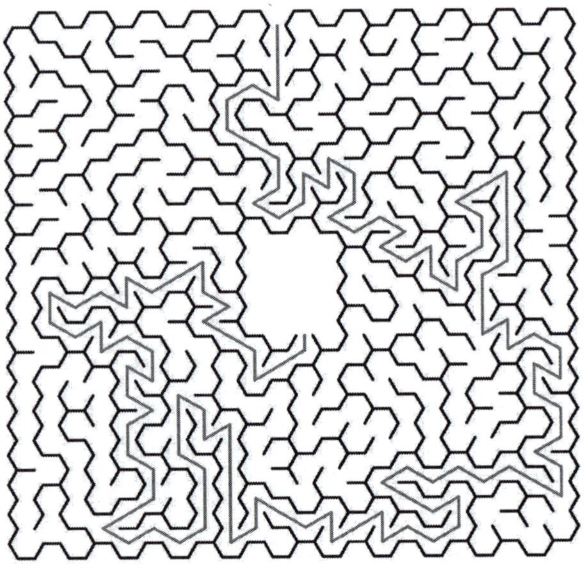

8

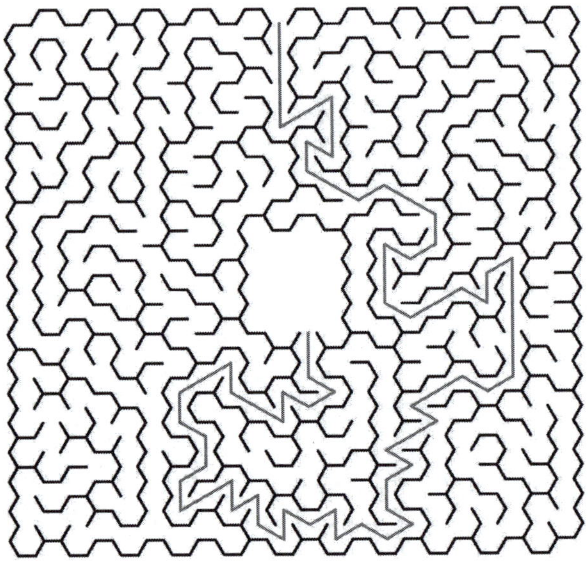

9

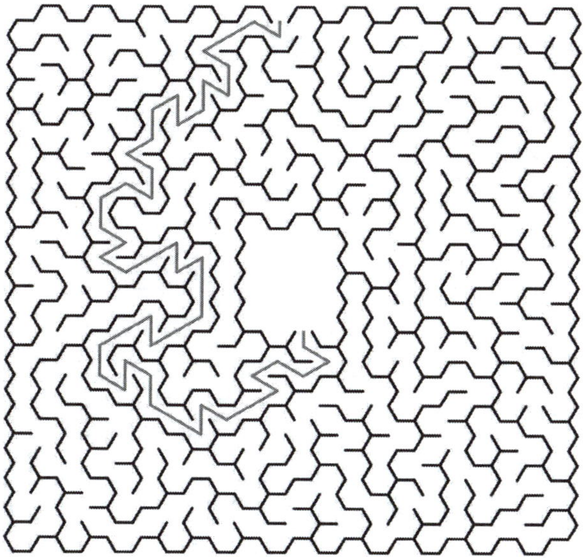

10

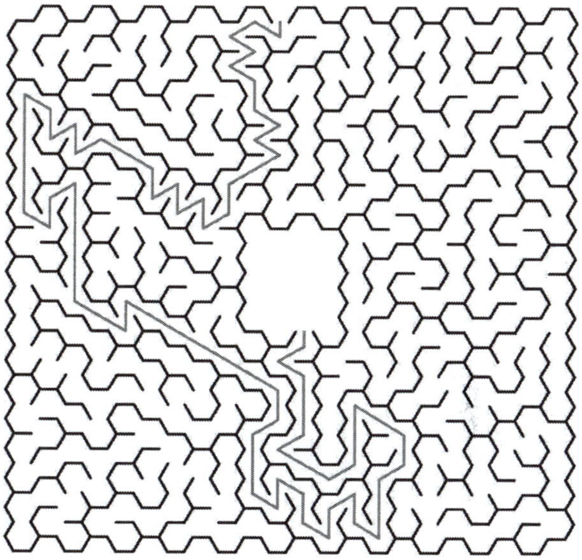

11

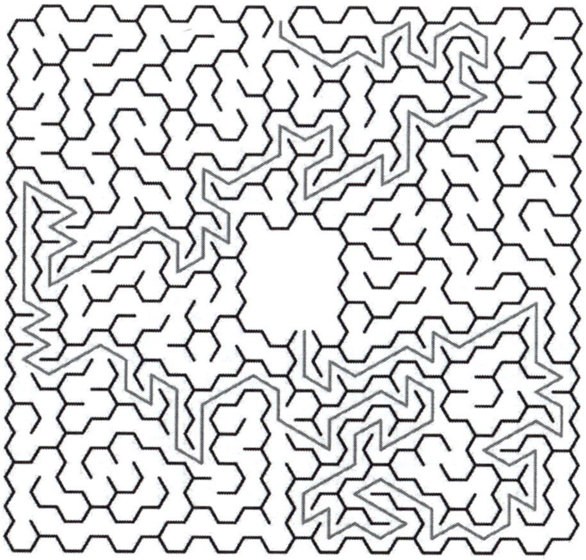

12

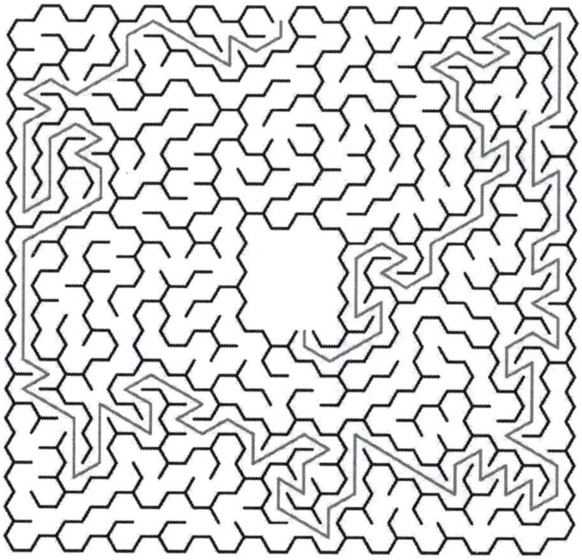

13

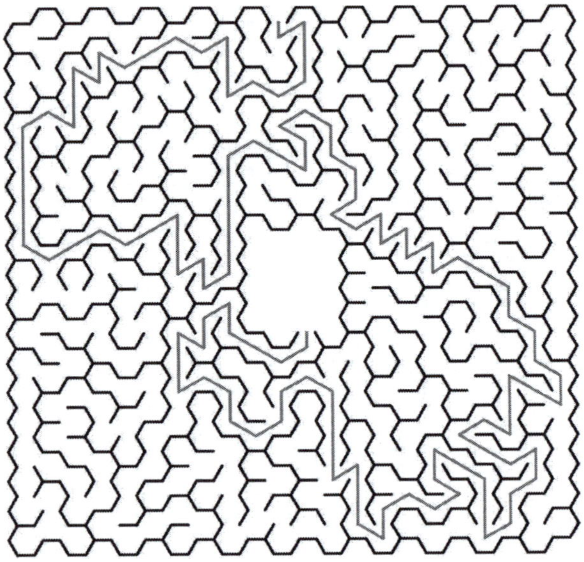

14

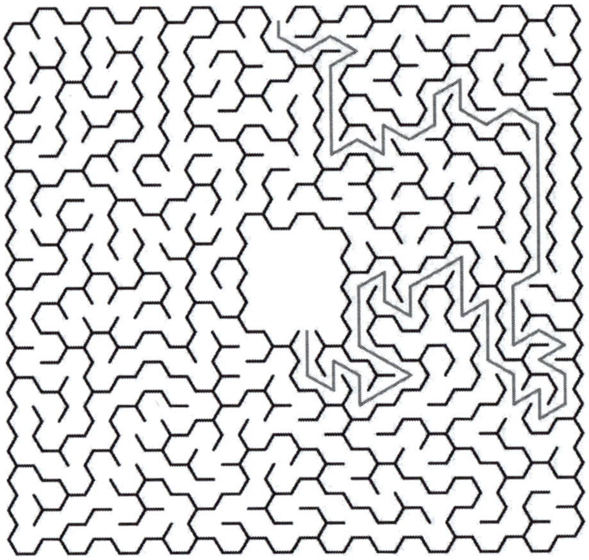

15

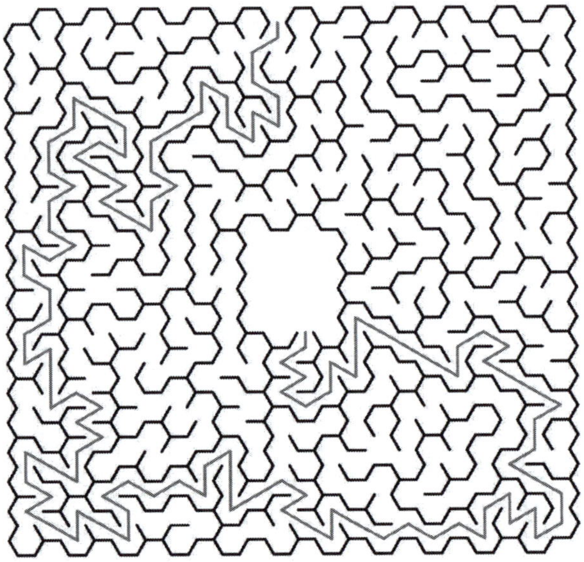

16

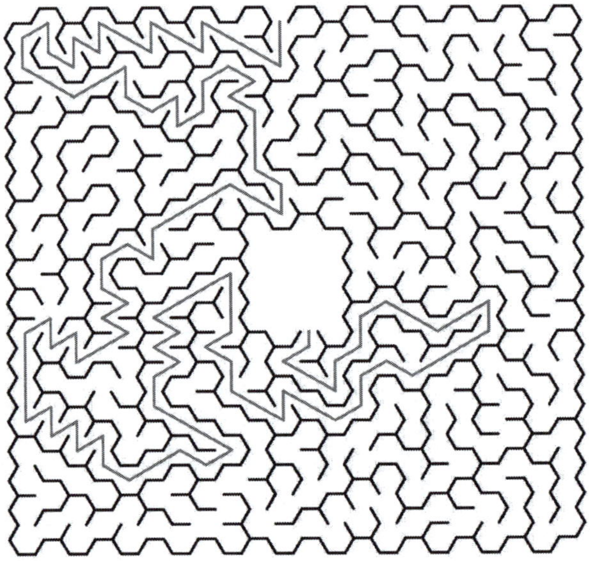

17

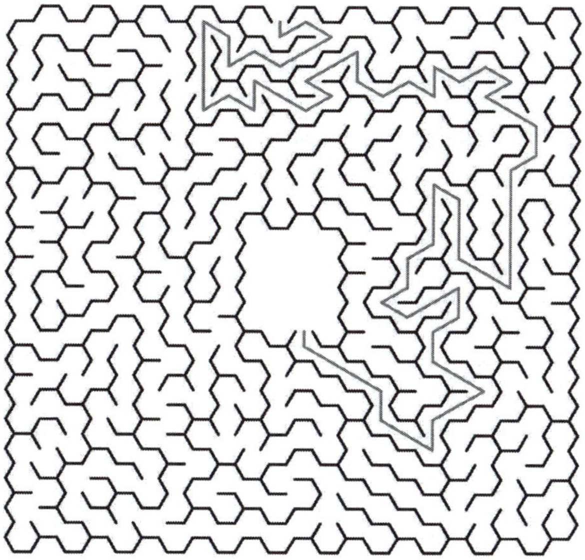

18

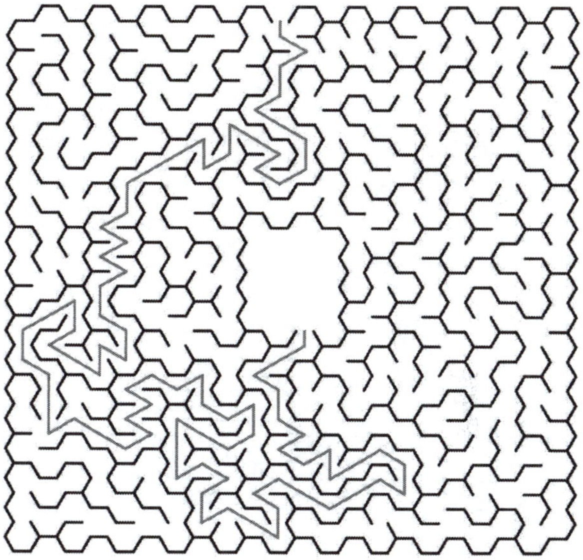

19

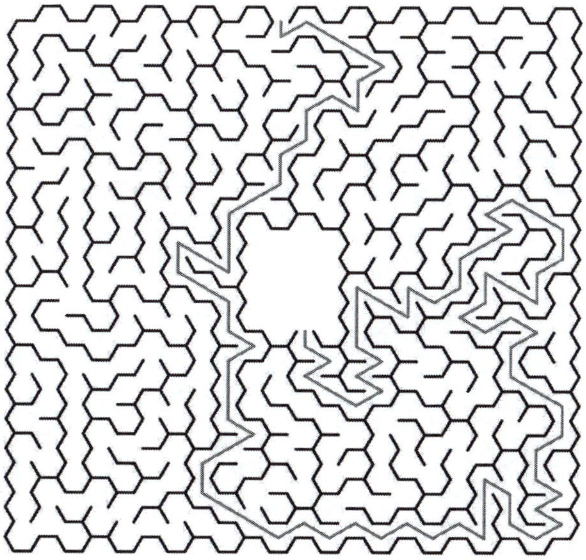

20

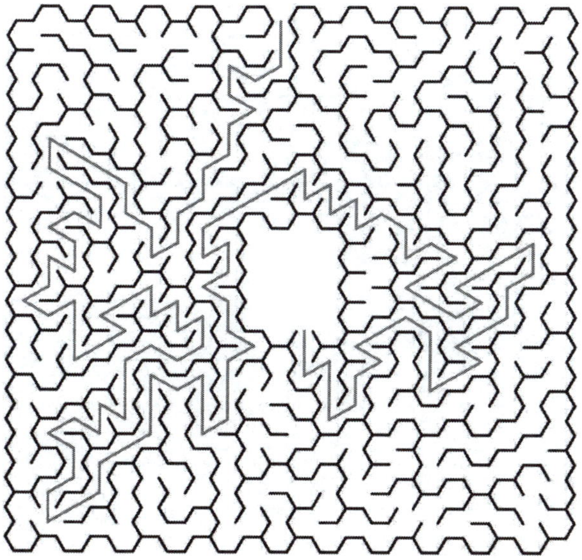

21

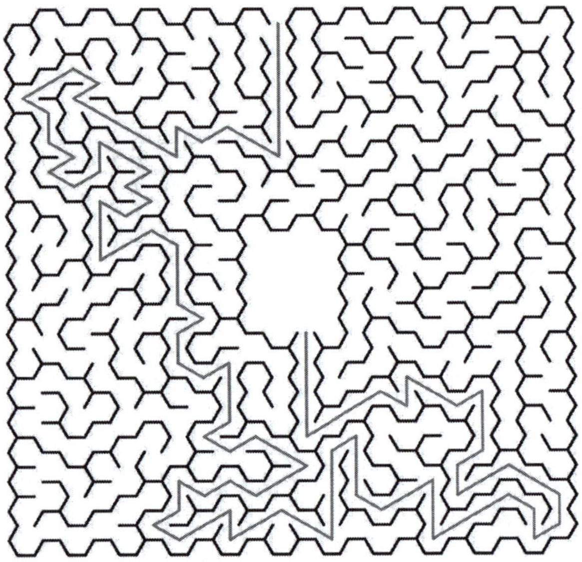

22

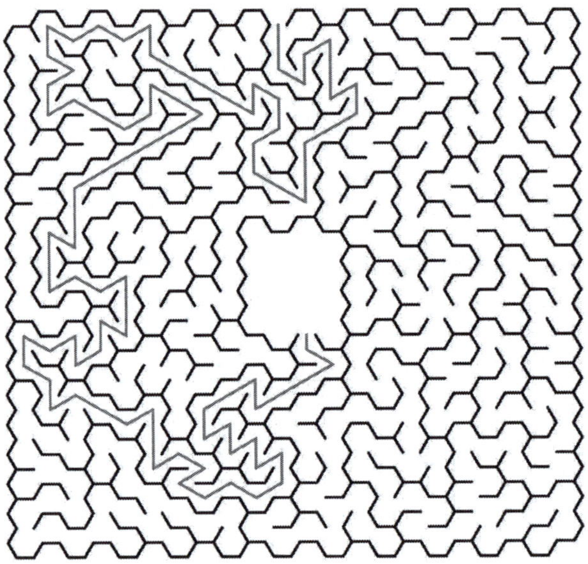

23

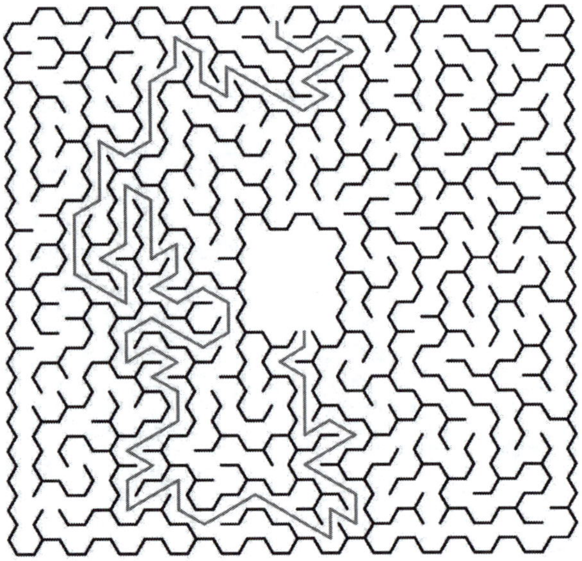

24

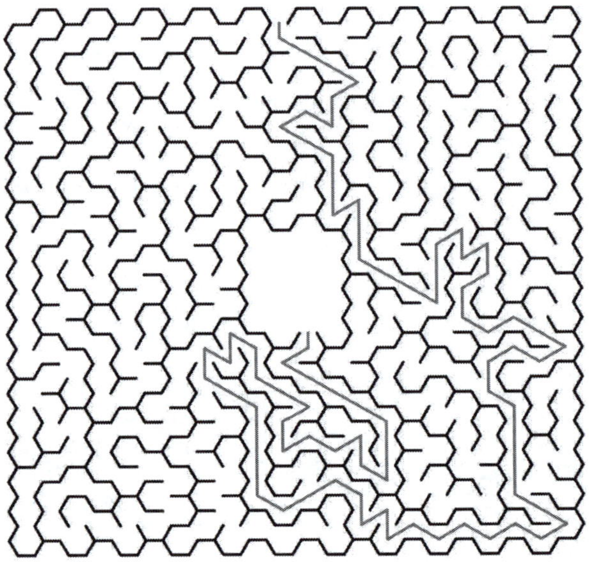

25

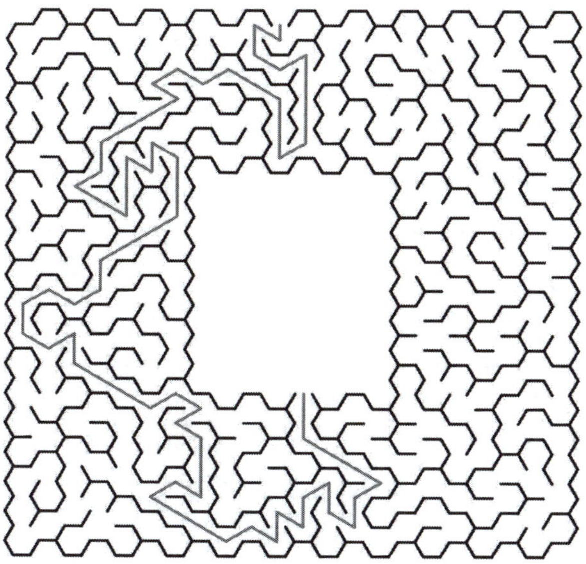

26

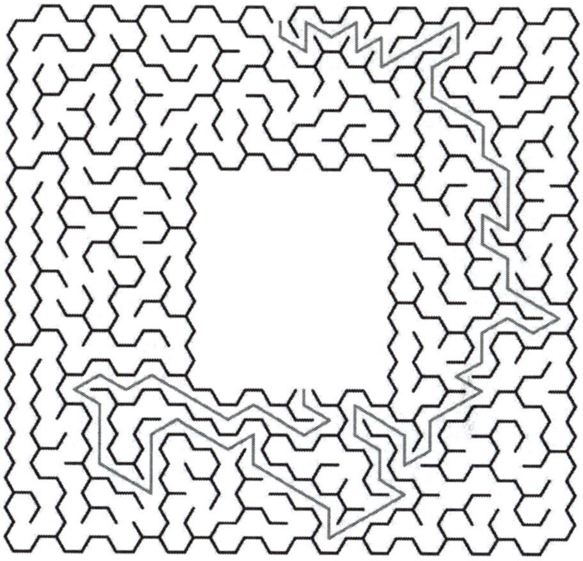

27

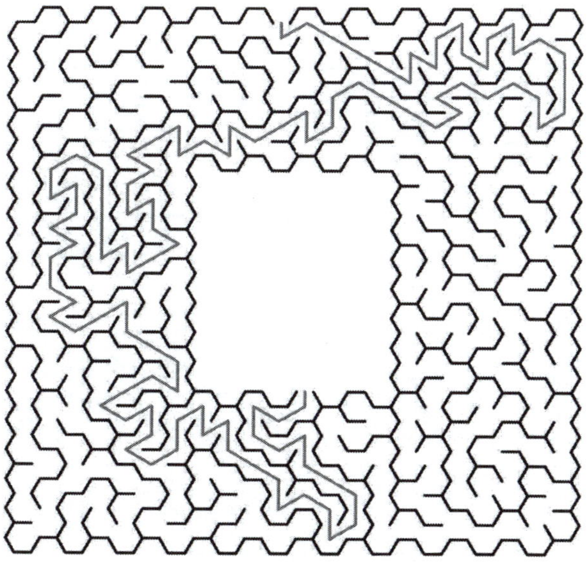

28

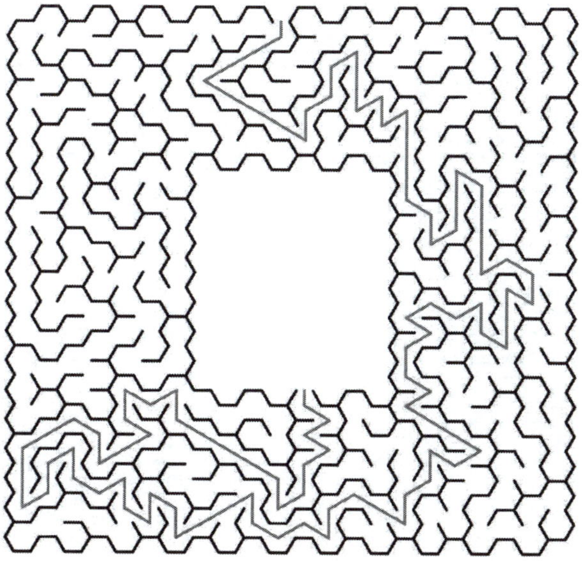

29

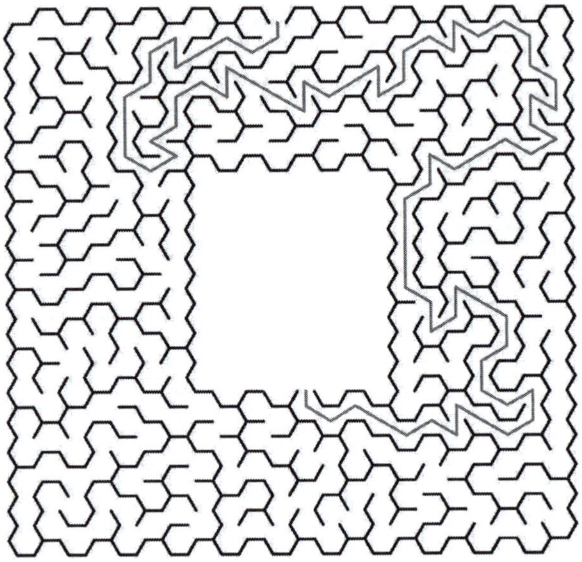

30

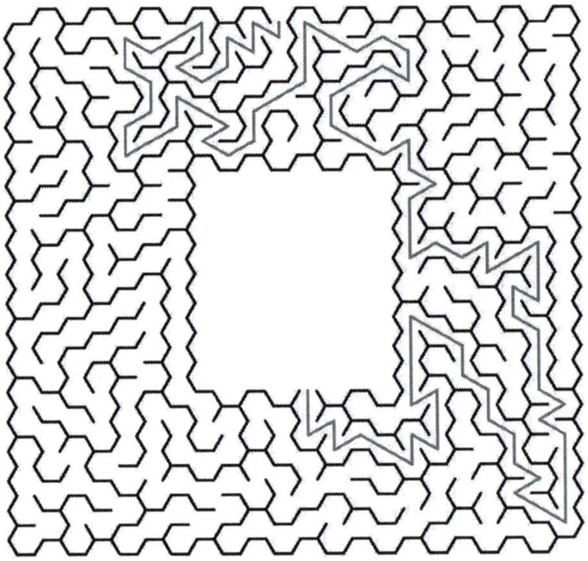

31

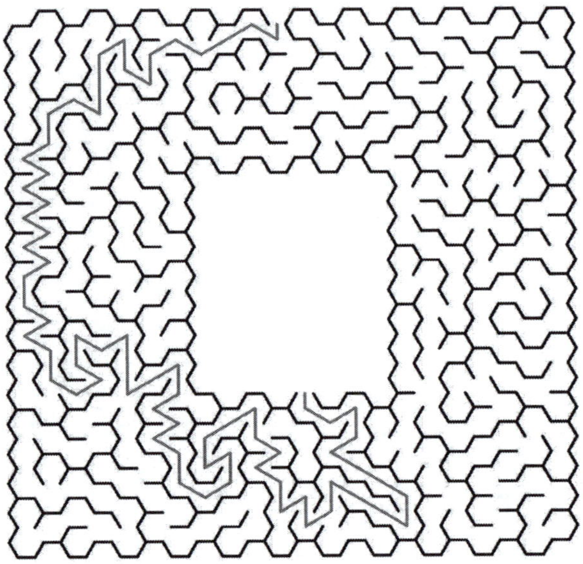

32

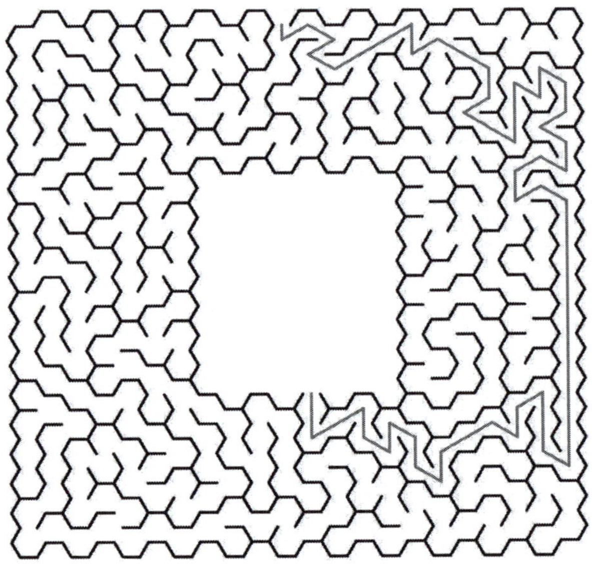

33

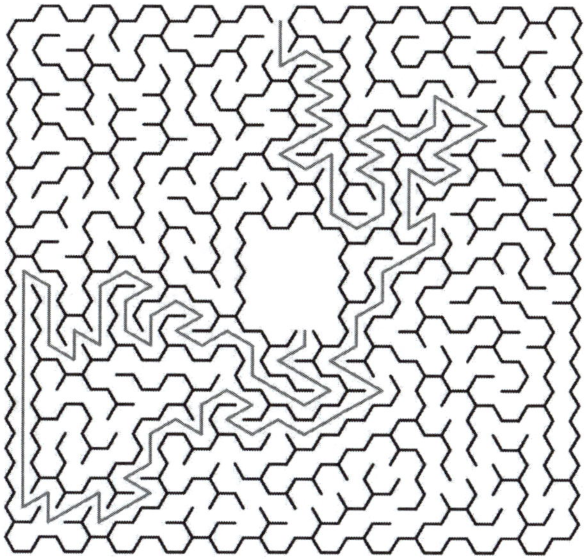

34

35

36

37

38

39

40

41

42

43

44

45

46

47

48

49

50

51

52

53

54

55

56

57

58

59

60

61

62

63

64

65

66

67

68

69

70

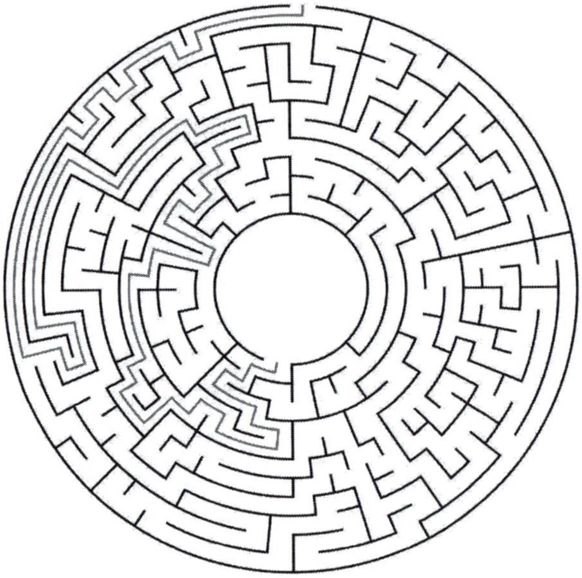

71

72

73

74

75

76

77

78

79

80

81

82

Made in the USA
Monee, IL
07 July 2026

56547359R00059